겸손의 규칙

J. Augustine Wetta, O.S.B.
HUMILITY RULES
Saint Benedict's 12-Step Guide to Genuine self-esteem

© 2017 Ignatius Press, San Francisco
All rights reserved.
Published by Ignatius Press, 1348 Tenth Ave, San Francisco, CA 94122, U.S.A.

Translated by Min Jeyoung
Korean translation copyright © 2023 by Benedict Press, Waegwan, Korea.
Korean translation rights arranged with Ignatius Press, San Francisco.

겸손의 규칙
성 베네딕도와 함께하는 자존감 수업

2023년 4월 5일 교회 인가
2023년 7월 6일 초판 1쇄

지은이	어거스틴 웨타
옮긴이	민제영
펴낸이	박현동
펴낸곳	성 베네딕도회 왜관수도원 ⓒ 분도출판사
찍은곳	분도인쇄소
등록	1962년 5월 7일 라15호
주소	04606 서울시 중구 장충단로 188 분도빌딩(분도출판사 편집부)
	39889 경북 칠곡군 왜관읍 관문로 61(분도인쇄소)
전화	02-2266-3605(분도출판사) · 054-970-2400(분도인쇄소)
팩스	02-2271-3605(분도출판사) · 054-971-0179(분도인쇄소)
홈페이지	www.bundobook.co.kr

ISBN 978-89-419-2312-1 03230

겸손의 규칙

성 베네딕도와 함께하는 **자존감** 수업

어거스틴 웨타 지음 • 민제영 옮김

분도출판사

저는 당신 은총의 아름다움을 봅니다.

그 찬란한 빛을 관상하고

그 빛을 반영합니다.

저는 그 광휘의 신비에 사로잡혀 있습니다.

자신을 인식하면서 넋을 잃습니다.

그토록 비천한 상태로부터

제가 이렇게 되었으니 정녕 놀라운 일입니다!

저는 고요히 기다리며 저 자신에 놀라 서 있고

마치 당신 앞에 있는 듯 두렵고 경외감을 느낍니다.

저는 어디에 서야 할지 어디에 앉아야 할지

당신께서 주신 이 팔과 다리로 무엇을 해야 할지 모릅니다.

어떤 일을 위해 어떤 행동을 위해

이 놀랍고 신성한 팔과 다리를 써야 합니까?

제가 말할 수 있도록

그리고 제가 설교하는 바를 행할 수 있도록

저를 허락하소서.

오, 저를 지으신 분, 저의 창조주, 저의 하느님이시여!

신新신학자 시메온 『찬가』 2,19-27

차 례

서문

내 친구 하나는 심각한 불안 증세로 고통을 받고 있습니다. 실존 인물과 혼동하지 않도록 그를 에그베르트[1]라고 부르겠습니다. 그는 자기 자신을 충분히 사랑하지 않는다고 걱정합니다. 주변에서 자기를 진지하게 대하지 않는다고 걱정하고, 자기주장이 강하지 않아서 사람들이 자신을 얕잡아 본다고 염려합니다. 에그베르트는 제 몸을 걱정하고 사람들이 자기를 판단하는 걸 두려워합니다. 스트레스로 지치고 낙담해 있으며, 격무에 시달리면서도 제대로 평가받지 못하고 불안해합니다. 간단히 말하자면, 그는 '낮은 자존감'으로 고통을 받고 있습니다.

나는 에그베르트를 돕고 싶지만, 제대로 된 조언을 하기란 쉽지 않습니다. 세상에는 나쁜 조언이 널려 있습니

1　성 에그베르트는 7세기 수도승 선교사였습니다. 이상하게 촌스러운 이름 같긴 한데 다시 널리 쓰이면 좋겠습니다.

다. 만일 에그베르트가 이리저리 구한다면, "너 자신에게 진실하라", "너의 꿈을 좇아라", "우선 너 자신을 사랑하는 법부터 배워라", "네가 그걸 기억하는 한 너는 무엇이든 할 수 있다"와 같은 상투적인 말을 듣게 될 수도 있습니다. 이런 진부한 조언들로 당장은 기분이 좀 나아질 수 있을지 몰라도 결국에는 공허한 나르시시즘과 절망에 빠지게 될까 봐 걱정이 됩니다.

이와 관련해서 많이 알려져 있지는 않지만 아주 효과적이며 스스로 꾸릴 수 있는 열두 단계 프로그램이 있습니다. 놀랍게도 전 세계 사람들이 무려 1,500년 이상 사용해 온 프로그램입니다. 물론 심야의 텔레비전 광고 또는 『보그』Vogue나 『맨즈헬스』Men's Health 같은 대중잡지에서는 이 프로그램에 대한 정보를 얻지 못할 것입니다. 경쟁에서 이기고, 단기간에 부자가 되고, 친구를 쉽게 사귀고, 성적 매력을 높이고, 남들에게 영향력을 행사하는 것과는 전혀 무관한 내용이기 때문이지요. 열렬한 추종자들도 많지 않거니와, 이 프로그램에 통달한 사람들은 그저 있는 그대로의 자기 자신에 만족하는 경향이 있습니다. 그러다가 누군가 요청해 온다면 그들은 스스로 경험

해 알고 있는 바를 기꺼이 나눌 것입니다.

이 프로그램은 '겸손의 사다리'라고 불립니다. 성 베네딕도가 『수도 규칙』이라고 칭한 책에서 유래하지요. 그런데 프로그램을 시작하기에 앞서 몇 가지 의문이 생길 수 있습니다. 제대로 된 사람이라면 완전히 낯선 사람에게 '자존감'처럼 중요하고 개인적인 사안에 대해 조언을 구하지는 않을 테니까요. 그러니 우선 나의 벗 성 베네딕도를 소개할까 합니다. 그런 다음 글쓴이인 저를 소개하고, 베네딕도의 겸손의 사다리가 어째서 시간을 투자할 가치가 있는지 설명해 보겠습니다.

성 베네딕도는 누구인가?

6세기가 막 시작될 무렵, 학교가 지루한 소년 하나가 있었습니다. 반에서 공부를 제일 잘하고 아버지가 부유하고 유력한 인사였던 이 똑똑하고 신심 깊은 아이는 크게 될 놈으로 보였습니다. 그런데 학교를 싫어했어요.

공부가 싫었던 건 아닙니다. 다만 학교에서 시간을 낭비하고 있다고 느꼈을 뿐입니다. 정치가가 되는 길을 밟고 있었지만 그에게는 세상이 망해 가는 것처럼 보였습니다. 거리에는 완전무장을 한 십 대 패거리가 돌아다니고 있었고, 세상 곳곳에서 피비린내 나는 전쟁이 끝없이 이어졌습니다. 치료법을 알 수 없는 끔찍한 질병도 밀어닥치고, 정계와 교회에는 추문이 그칠 날이 없었지요. 한마디로 세상은 엉망진창이었습니다.

그래서 그는 달아났습니다. 서커스단에 들어가거나 대도시에서 행운을 찾으려고 하지는 않았습니다. 그 대신에 산허리에 있는 동굴로 가서 살았습니다. 그곳이라면 가족이나 학교나 사회생활 문제로 방해받지 않고 오직 거룩함에만 집중할 수 있을 것으로 여겼습니다. 그가 특별히 가슴에 품었던 것은 "완전해지려고 하면 가서 당신이 소유하고 있는 것을 팔아 가난한 사람들에게 주시오. … 그러고 와서 나를 따르시오"(마태 19,21)라는 그리스도의 말씀이었습니다. 그는 문자 그대로 이 말씀을 따르고자 했습니다.

성 베네딕도는 기도만 하면서 3년을 보냈습니다. 역설적이게도 이 때문에 그는 유명해졌고, 조언을 얻으려고 사람들이 찾아오기 시작했습니다. 그는 그 산에 자신과 같은 뜻을 가지고 살아가는 사람들이 수백 명이나 있다는 사실도 알게 되었습니다. 대중은 이들을 '모나코이'(외로운 사람들)라고 불렀는데, 오늘날 표현으로는 '수도승들'입니다. 그런데 수도승마다 일을 하면서 자신의 방식을 고수하는 바람에 큰 혼란이 생기고 기도에도 소홀해지게 되자 그들 중 일부가 베네딕도를 찾아와서 "참된 수도승이 되는 길을 가르쳐 주십시오"라고 청했습니다.

그래서 성 베네딕도가 안내서를 썼습니다. 여기에는 훌륭한 조언이 가득했습니다. 논쟁 후에 누가 사과해야 하는지, 매일 몇 차례나 기도해야 하는지, 낡은 속옷을 어떻게 해야 하는지, 칼을 찬 채 잠을 자도 되는지 등에 대한 조언이 담겨 있었지요. 이 안내서가 너무도 유익했기에 100년도 채 안 되어 사실상 유럽의 모든 수도원에서 채택되었습니다. 오늘날 베네딕도의 『수도 규칙』으로 알려진 이 책은 미주리의 세인트루이스 수도원, 탄자니아의 은단다 수도원, 파라과이의 투파지 수도원, 네덜란드의 성 빌리브로드 수도원을 비롯한 전 세계의 수도원에서 사용되고 있습니다. 전 세계에 1천2백 개 이상의 수도원이 있고 2만 5천 명가량의 베네딕도회 수도자들이 있으며, 저도 여기에 속해 있습니다.

어거스틴 웨타는 누구인가?

"내 얘기는 충분히 했어요. 당신은 나를 어떻게 생각하나요?"라고 묻던 형제가 있습니다. 수도승들은 자신에 대해 말하기를 주저하는 경향이 있는데 거기에는 그럴 만한 이유가 있습니다. 수도승 영성의 핵심은 겸손이고, 겸손은 자기를 드러내는 일과 잘 어울리지 않으니까요. 그렇지만 여러분이 제가 쓴 글을 읽고자 한다면, 저의 배경에 대해 한두 가지는 궁금해할 수도 있을 테니 잠시 제 이야기를 좀 하겠습니다.

저는 멕시코만의 한 섬에서 자라났습니다. 우리 가족이 다니는 본당에는 멋지고 열정 넘치는 폴 호바네츠 신부님이 계셨지요. 저는 꼭 그분 같은 사람이 되고 싶었지만 열세 살 즈음에 소녀들을 알게 된 이후 생각이 바뀌었습니다. 그 무렵 어머니의 고집으로 연극 동아리에 들어갔고, 거기에서 저는 타고난 재능을 완벽히 찾은 미친 놈이 되었습니다. 저글링에 푹 빠져 돈을 쉽게 벌 수 있는 길이 열렸고, 2년 후에는 절친과 사업을 시작했습니다. 우리 팀 이름은 '플라잉 페투치니 브라더스'였는데, 시간당 75달러를 받고 생일 파티나 개업식, 길거리 축제 등에

서 공연을 했습니다. 볼링공, 곤봉, 횃불, 큰 칼, 외발자전
거 등 온갖 것을 저글링에 사용했지요.

열여섯 살이 되자 저글링에 미친 놈을 그만두고 파도
타기를 배우면서 삶의 방향이 완전히 바뀌었습니다. 돈
이 필요해지면 다시 저글링을 하고 친구들도 여전히 저
를 저글링에 미친 놈으로 여겼지만, 제 삶은 바다를 중심
으로 돌아가기 시작했습니다. 저는 수영팀에 합류하고

해변 순찰대에 지원해서 이전보다는 좀 더 진지한 삶의 국면으로 들어섰습니다. 해변 순찰대에서는 몇 차례 죽음을 직면하기도 했습니다.

라이스 대학교에서는 고전문학을 전공하는 우수한 학생이었는데, 럭비팀에 들어가 훈련하다가 뼈가 몇 번 부러지기도 했습니다. 한 학기 동안 로마에서 고고학과 이탈리아어를 배우면서 베네딕도회 수도승들을 처음 만났습니다. 무척 재미있는 분들이었는데 그중 몇 분과는 계속 연락을 주고받았지요. 대학원에 진학하러 세인트루이스로 이사하자 근처에 수도원이 있다고 그분들이 제게 알려 주었고, 잠깐 들른 그곳과 저는 사랑에 빠지고 말았습니다. 당연한 수순으로, 저는 수도승들과 여름을 보내기로 마음먹었지요. 그러고 나서 대학원을 그만두고 세인트루이스 수도원에 입회하기로 결심했습니다.

뒷이야기는 뻔합니다. 저는 신학교에 들어갔고 옥스퍼드에서 신학사 학위 두 개와 미들베리 대학에서 영문학사 학위를 딴 다음 사제품을 받았습니다. 이제 저는 수도원장의 지시를 따라 살아갑니다. 고등학교에서 영문학과 고전문학과 신학을 가르칩니다. 럭비를 지도하고 새로 입회한 수도승들의 양성을 돕기도 하면서 책을 쓰며 살고 있습니다. 그러나 무엇보다도 저는 거룩해지기 위해서 힘씁니다. 거룩함은 우리를 겸손하게 합니다.

왜 겸손인가?

성 베네딕도가 말하는 모든 내용은 현대 대중문화와 정면으로 충돌합니다. 그는 자기애, 자화자찬, 자기 확대, 자기 홍보를 중요하게 여기지 않았습니다. 자신에게 전혀 중점을 두지 않았을 뿐만 아니라, 우리에게 있는 장점과 약점의 견지에서 서로서로 그리고 하느님과 어떻게 관계를 맺을 것인지를 중시했습니다. 그러나 이러한 전망은 자기 자신에 대한 관심을 끄고 더욱 드높은 목적을 위해서 온 몸과 마음으로 헌신할 때 명료해지기 시작합니다. 성 베네딕도는 이렇게 말합니다. "우리 마음이 겸손해질 때 주께서는 천상으로 향한 그 사다리를 세워 주신다. 우리는 그 사다리의 다리들을 우리의 육체와 영혼으로 보며, 하느님의 부르심은 우리가 올라가야 할 겸손과 규율의 여러 단계들을 이 다리들 사이에 끼워 넣으신다" (『수도 규칙』 제7장).

참된 자기 존중은 거룩함의 형태를 띱니다. 성 베네딕도가 보기에 거룩함은 자기애가 아니라 자기 버림에 관한 일입니다. 사실 자기 자신을 높이 평가하는 모든 생각이 성 베네딕도에게는 터무니없게 여겨지겠지요. 자신을 높이 평가하는 생각은 그리스도인의 삶의 목적 자체를 무너뜨릴 것입니다. 그리스도인의 삶이란 하느님의 은총을 위한 공간을 만들기 위해 자신을 비우는 삶이기 때문이지요. 사도 바오로는 하느님의 능력이 "허약함 가운데서 완성되는 법"(2코린 12,9)이라고 전합니다. 그리고 세례자 요한은 "그분은 커져야 하고 나는 작아져야 합니다"(요한 3,30)라고 말씀하셨습니다.

우리의 삶에서 하느님의 능력을 발견하려면 겸손의 사다리를 타고 올라가야 합니다. 성 베네딕도는 「겸손에 대하여」라고 제목을 붙인 『수도 규칙』* 제7장에서 이 사다리의 열두 단계를 보여 줍니다. 이 단계들은, 하느님께 대한 두려움, 자기부정, 순명, 인내, 참회, 평정, 자기 겸허, 신중, 침묵, 품위, 분별, 경건입니다.

사다리의 각 단계를 설명하는 이 책의 각 장은 성 베네딕도의 『수도 규칙』 제7장 「겸손에 대하여」를 인용하면서 시작합니다. 또한 각 장은 『수도 규칙』을 일부 인용하며 풀어낸 몇 부분으로 나뉘는데 독자가 수행하면 좋을 과제도 포함되어 있습니다. 과제는 단지 하느님께 더 의지하는 방법을 배우는 데 도움을 주기 위한 것이니 걱정 마시기 바랍니다.

---

* 이 책에서는 고 이형우 아빠스가 번역하고 주해한 『수도 규칙』(분도출판사 1991)을 인용하되 맥락에 따라 수정하기도 했습니다(옮긴이).

성 베네딕도의 겸손의 사다리

제1단계 • 두려워하라

하느님께 대한 두려움

하느님께 대한 두려움을 늘 눈앞에 두어 잠시도 잊지 않으며(시편 36,2 참조), 하느님께서 명하신 모든 것을 늘 기억하기 위해 모든 경솔함을 피하라.

제2단계 • 자신에게 충실하지 말라

자기부정

자신의 뜻을 좋아하지 않고 자신의 욕망을 채우기를 즐겨하지 않으며 오히려 "나는 내 뜻을 이루려고 온 것이 아니라 나를 보내신 분의 뜻을 이루려고 왔다"(요한 6,38)라고 하신 주님의 말씀을 실제 행동으로 본받는 것이다.

제3단계 • 자신의 꿈을 좇지 말라

순명

하느님께 대한 사랑 때문에 온갖 순명으로써 장상에게 복종하여 "그분은 죽기까지 순종하셨다"(필리 2,8)라고 사도께서 말씀하신 그 주님을 본받는 것이다.

제4단계 • 어리석은 사람들과 어리석은 일을 용인하라

인내

어렵고 비위에 거슬리는 일 또는 당한 모욕까지도 의식적으로 묵묵히 인내로써 받아들이라. 성서에는 "끝까지 참는 사람은 구원을 받을 것이다"(마태 10,22)라는 말씀이 있다.

제5단계 • 자신의 흉한 모습을 보이라

참회

자기 마음속에 들어오는 모든 악한 생각이나 남모르게 범한 죄악들을 신뢰할 수 있는 사람에게 겸손하게 드러내라. 성서에는 "네 길을 주님께 맡기고 그분을 신뢰하여라"(시편 37,5)라고 쓰여 있다.

제6단계 • 밝히는 사람이 되라
평정

온갖 비천한 것이나 가장 나쁜 것으로 만족하고 자기에게 부여된 모든 일에서 자신을 나쁘고 부당한 일꾼으로 여기라.

제7단계 • 빈약한 자아상을 가지라
자기 겸허

모든 사람 가운데서 자신이 가장 못하고 비천한 사람이라는 것을 자신의 말로써 드러낼 뿐 아니라, 마음 깊숙이 확신하여 자신을 낮추고 예언자와 함께 "저는 인간이 아닌 구더기, 사람들의 우셋거리, 백성의 조롱거리"(시편 22,7)라고 말하라.

제8단계 • 신중하게 생각하라
신중

오직 적법한 일만 하고 장상들의 모범을 따르라.

제9단계 • 큰 소리로 말하지 말라

침묵

혀를 억제하고, 침묵의 정신을 가지고, 질문을 받기 전에는 말하지 말라. 성서는 "말이 많은 데에는 허물이 있기 마련이고 입술을 조심하는 이는 사려 깊은 사람"(잠언 10,19)이라고 가르친다.

제10단계 • 웃음은 명약이 아니다

품위

쉽게 또 빨리 웃지 말라. 성서에 "어리석은 자는 웃을 때 큰 소리를 낸다"(집회 21,20)라고 쓰여 있기 때문이다.

제11단계 • 조심스럽게 지내라

분별

온화하고 웃음이 없으며 겸손하고 정중하며 간결한 말과 이치에 맞는 말을 하라. 책에 "지혜로운 사람은 적은 말로 드러난다"(Sextus, *Enchiridion*, 147)라고 기록되어 있다.

제12단계 • 머리를 숙이라

경건

어디에서든 언제나 머리를 숙여 땅을 내려다보고, "멀찍이 서서 감히 하늘로 눈을 들 생각도 못하고 자기 가슴을 치며 '하느님, 이 죄인에게 자비를 베풀어 주십시오'"(루카 18,13)라고 말했던 복음서의 세리를 항상 기억하라.

두려워하라

제1단계

~~~~~~~~~~

하느님께 대한 두려움

하느님께 대한 두려움을 늘 눈앞에 두어 잠시도 잊지 않으며(시편 36,2 참조), 하느님께서 명하신 모든 것을 늘 기억하기 위해 모든 경솔함을 피하라.

자기 존중 없이 자존감을 가질 수는 없습니다. 우리는 하느님의 모습으로 창조되었습니다(창세 1,27 참조). 이 말은 우리가 하느님을 존중하는 것으로 시작해야 한다는 뜻이지요. 성서에서 하느님 존중에 대해 말할 때 사용하는 용어는 테오세베이아, 곧 하느님을 두려워한다는 뜻입니다.

생각으로 하느님을 두려워함

～

수도승은 하느님께서 명하신 모든 것을 늘 기억하여
하느님을 경멸하는 자들이 자기들의 죄로 말미암아
어떻게 지옥불에 태워지며, 또 하느님을 두려워하는
사람들에게 마련된 영원한 생명이 어떠한 것인지를
자신의 마음속에 늘 생각해야 한다.

제7장_ 겸손에 대하여

두려운 말입니다. 우리는 정말로 여기에서 시작해야 할
까요? 물론 지옥은 썩 유쾌하거나 사기를 북돋는 주제는
아닙니다. 그러나 출발점으로서 더 나쁜 것을 택할 수도
있었어요. 결국 어디를 향해서 가고 있는지를 완전히 확
신할 수 없다면, 무엇을 피해야 하는지를 아는 데 도움이
될 수 있습니다. 아울러 베네딕도의 무시무시한 경고는
저나 여러분처럼 부유하고 안락한 사람들에게서 너무도
흔히 보이는 영적 무관심을 치유할 수 있는 해독제로 쓰

일 수도 있습니다. 우리는 하느님이 공정하고 전지전능하신 분이라고 말하지만, 최근에는 하느님을 하늘 아버지가 아닌 하늘에 있는 할아버지 정도로 여기는 것 같습니다. 다치지만 않는다면, 젊은이들이 무엇을 하고 있는지 전혀 신경을 쓰지 않는, 친절하지만 다소 노쇠한 늙은이로 말이죠. 그리고 누군가 상처를 입었다 하더라도 하느님은 그것에 대해 생각하거나 계속 기억하시지도 않을 것 같습니다.[1]

고대 대성당들의 천장에는 근엄한 우주의 지배자가 그려져 있는 경우가 많습니다. 예수님을 옥좌에 즉위한 민족들의 심판관, 주님들의 주님, 왕들의 왕으로 묘사하고 있지요. 그런데 우리는 그분을 잊어버린 것 같아요. 한층 문명화된 시대에 살고 있는 우리는 어쩌면 예수님을 조력자나 집단 치료자 정도로 생각하고 싶어 하는지도 모르지요.

하지만 그분은 성부 오른편에 앉아 계시는 주님이라는 사실을 잊지는 맙시다. 그분은 "쇠지팡이"로 다스리

---

1 C.S. 루이스가 『고통의 문제』에 이와 비슷한 내용을 담았습니다. 읽어도 후회하지 않을 것입니다.

시고 "만물의 주재자 하느님의 열화 같은 진노의 포도주
확을 밟으실"(묵시 19,15) 것입니다.

　나는 마치 하늘에 좌정하시어 당신 컴퓨터의 '공격' 버
튼을 누르고 싶어 안달하는 분과 같은 하느님을 두려워
해야 한다고 제안하는 게 아닙니다. 그러나 하느님이 참

으로 선하신 분이라면 그분은 분명 참으로 공정하실 게 틀림없습니다. 더욱이 이 세상에서 우리가 하는 행동에 어떤 참된 의미라는 게 있다면, 그 행동은 다가올 세상에서도 참으로 중요할 것입니다. 그러니 하느님을 사랑하는 게 더 낫습니다. 그러나 그 사랑을 느끼지 못한다면 적어도 두려움이라도 느껴 보길 권합니다. 잠언이 알려 주듯이 "지혜의 시작은 주님을 경외함"(9,10)입니다. 두려움이 이상적이지는 않지만 하나의 시작이 됩니다.

과제) 벌레가 보여도 잡지 마세요. 모기한테는 보너스 점수도 주시고요.

말로 하느님을 두려워함

자기 뜻을 버리고 참된 왕이신 주 그리스도를 위해 분
투하고자 극히 강하고 훌륭한 순명의 무기를 잡아라.

『수도 규칙』_ 머리말 중에서

얼마 전 어느 성당을 방문했을 때 영성체를 하러 줄을 선
소년 하나가 '예수님은 나의 절친'이라고 쓰인 티셔츠를
입고 있었습니다. 그리스도의 형제로서 자신의 존엄성
을 재발견하는 일에 관한 한, 나는 그 문구가 장벽을 깨
는 데 도움이 될 수도 있겠다고 생각했습니다. 그러나 또
한 예수님은 우리의 왕이시라는 것도 기억하십시오. 만
일 우리가 다소 위협적인 그분의 신성한 힘을 발견하지
못한다면 어쩌면 우리에게는 어떤 문제가 있다고 할 수
있습니다. 결국 하느님에 대한 인간의 가장 기본적인 반
응은 두려움입니다. 베드로가 처음 예수님을 만났을 때
했던 말을 기억하십니까? "제게서 떠나 주십시오. 저는

죄인입니다, 주님"(루카 5,8).

세인트루이스 수련소에 처음 들어왔을 때 수련장은 제게 물었습니다. "우리가 당신을 받아들여야 할 만한 무언가를 가지고 있나요?"

나는 내가 똑똑하고 성실하고 정직한 사람이라고 대답했습니다. 수련장이 말했습니다. "당신은 아직 준비가 안 되었군요."

수련장은 매일 똑같은 질문을 했고, 나는 매일 색다른 장점을 찾아냈지요. 그리고 수련장은 그때마다 제가 아직 준비가 되어 있지 않다고 답하곤 했습니다.

마침내 유난히 힘들었던 어느 날 아침, 내놓을 만한 게 없다고 대답하자 수련장은 이렇게 말했지요. "이제 준비가 되었습니다."

예수님이 우리의 우정을 고맙게 여길 것이라고 당연스레 생각하지 말아야 합니다. 우리는 그분을 사랑해야 하지만 또한 그분을 경외해야 합니다. 시나이산의 모세에게 계시된 거룩한 말씀의 모든 능력이 바로 그분의 이름에 담겨 있습니다. 너무도 거룩해서 신실한 유다인이라면 감히 크게 말하지 못하는 그 단어입니다. 물론 우리도 그 이름을 불경하게 사용해서는 안 되겠지요.

제 말을 오해하지 않았으면 합니다. 우리의 최종 목적
은 "우리의 두려움을 내쫓는"(1요한 4,18) 완벽한 사랑을
발견하는 것입니다. 하지만 친근함으로 존중심을 은근
슬쩍 밀어내지 않도록 주의하십시오. 존 헨리 뉴먼이 말
했듯이 "두려움과 사랑은 반드시 같이 가야 합니다. 죽
는 날까지 항상 두려워하고 항상 사랑하십시오."[2]

과제　당신보다 능숙하지 않은 사람의 지시를 따라 보세요.

2　John Henry Newman, "The Religion of the Day", *Parochial and Plain
Sermons* (San Francisco: Ignatius Press 1977) 206.

행동으로 하느님을 두려워함

∿

한가함은 영혼의 원수이다. 그러므로 형제들은 정해
진 시간에 육체노동을 하고 또 정해진 시간에 영적 독
서를 해야 한다.

『수도 규칙』 48장_ 매일의 육체노동에 대하여

전설적인 로커 토드 룬드그렌은 노동의 본질을 표현한
아름답고 열정적인 곡 「하루 종일 드럼을 쳐」(Bang the Drum
All Day)에서 "일하기 싫어. 하루 종일 드럼 치고 싶어"라
고 노래했습니다. 이 노래의 가사에 담긴 역설은 룬드그
렌이 노동을 회피하지만 결국은 정규 직장에서 하는 것
보다 더 많은 일을 하게 되었다는 점입니다.[3] 그렇게 그는
노동 자체의 본질에 대한 성찰을 우리에게 제공합니다.

~~~~~~~~~~~~~~~~

3   랜디 바크먼도 「일을 제대로 처리하기」(Taking Care of Business)라는
곡에서 비슷한 개념을 제시했습니다. "나는 온종일 아무것도 아닌 일을 하
고 싶다네."

에덴동산에서 아담의 노동은 신명 나고 고통이 없으며 한없는 결실이 있었습니다. 그러나 불순종으로 말미암아 그는 유죄를 선고받고 양식을 얻기 위해서는 얼굴에 땀을 흘려야 했습니다(창세 3,19 참조).

중요한 것은, 예수님께서 일을 하셨다는 점입니다(마르 6,3 참조). 그래서 한때 형벌이었던 노동은 우리 모두를 위한 신성한 의무와 구원 활동이 되었습니다. 예수님의 겸손한 노동 덕분에 우리는 그리스도를 더욱 가깝게 따르게 되었을 뿐 아니라, 창조의 완성을 도울 수 있게 되었습니다. 우리는 하느님의 일을 마무리합니다!

그러므로 우리의 일은, 그것이 잡다한 집안일이든 숙제든 운동경기 연습이든 급료를 받고 하는 사무직이든 상관없이, 그저 경제적 목적만 달성하기 위한 수단에 그치지 않습니다. 주말에 맞춰 '끝내야' 하는 것도 아닙니다. 일은 그리스도의 거룩한 형제의 몫인 성화聖化에 꼭 필요하며, 우리의 참자아를 발견하는 수단입니다. 혹시 다음번에, 해야 할 일이 너무 많아서 불만을 터뜨리고 싶어지거든, 노동은 예수님의 구원 사업이기에 일을 하는 것은 심지어 영광이라는 것을 기억하십시오. 예언자 아자르야의 말입니다. "여러분은 용기를 내시고 여러분의 손에 힘을 잃지 마십시오. 여러분이 하는 일에 보상이 따를 것입니다"(2역대 15,7).

과 제   누군가의 잡일을 몰래 해 보세요.

자신에게 충실하지 말라

~~~~~~~~~~~~

자기부정

자신의 뜻을 좋아하지 않고 자신의 욕망을 채우기를 즐
겨하지 않으며 오히려 "나는 내 뜻을 이루려고 온 것이
아니라 나를 보내신 분의 뜻을 이루려고 왔다"(요한 6,38)
라고 하신 주님의 말씀을 실제 행동으로 본받는 것이다.

나에게 최고로 기분 좋은 것이 다른 이들에게는 그렇지
않을 수 있습니다. 그렇다면 그것은 나에게도 좋은 것이
아닐지 모릅니다. 참으로 자신을 존중하는 사람은 자기
충족감(self-fulfillment)과 자기만족(self-satisfaction)은 다르
는 것을 이해합니다. 그런 사람은 미래와 자기 주변 사람
들과 불멸하는 자신의 영혼을 위해 자기의 욕망을 기꺼
이 거부합니다.

생각으로 자기부정

～

사라바이타[1]들은 최악의 수도승들이다. 그들은 용광로 안의 황금처럼 어떤 규칙이나 경험의 가르침으로 단련된 이들이 아니고, 납의 성질과 같이 물러 행실로써는 아직 세속에 충성을 지키면서도 삭발로써 하느님을 속이는 것으로 알려진 자들이다. 그들은 둘이나 셋, 때로는 혼자서 목자도 없이, 주님의 양 떼에서가 아니고 오직 자기네들의 무리 안에서 사는 자들이다. 그들의 법은 욕망의 쾌락이며, 자기들이 추정하고 선택한 것은 무엇이나 다 거룩하다고 하고 자기들이 원치 않는 것은 부당하다고 여긴다.

『수도 규칙』_제1장 수도승들의 종류에 대하여

~~~~~~~~~~

1   이들은 초기 교회에서 장상의 권위 없이 독립적으로 살았던 수도승들입니다.

　우리 수도원의 젊은 수도승 중 한 사람인 아이단 수사는 매해 사순 시기가 시작될 때마다 똑같은 농담을 합니다. "이번 사순 시기 동안에는 단식을 많이 할 거예요. 단, 배가 고프지 않을 때만요." 제 생각에 요점은, 우리는 따르기 쉬운 규칙은 좋아하지만 규칙을 따르기 어렵게 느끼는 순간 곧 핑계를 댄다는 것입니다. 성 베네딕도는 이런 행동을 좀처럼 용납하지 않았습니다. 자신들만의 규칙을 손수 만드는 이들과 자기네가 이미 행하는 규칙만 따르는 이들을 아주 경멸했지요. 예수님도 정직하지 않은 사람들을 참아 주지 않으셨습니다. 율법학자와 바리사이들에게 가장 모욕적인 언사를 퍼부었어요. 그들을 위선자, 눈먼 인도자, 독사의 족속, 회칠한 무덤이라고 불렀습니다.

얼마 전 내 학생 중 하나가 손을 들더니만 세상에 죄 같은 건 없다고 딱 잘라 말하더군요. 나를 약 올리려는 속셈 같았는데, 내가 미처 대답하기도 전에 그 앞에 앉아 있던 학생이 고개를 돌리며 물었습니다. "그래서 네가 예수님보다 더 똑똑하다는 거냐?"

이보다 더 적절한 대답은 없을 것입니다. 우리가 전체 교회의 통합된 원천들보다 더 거룩하고 더 현명하며 더 똑똑하다고 정녕 확신하는 게 아니라면, 우리 자신보다는 사목자의 말이 더 권위 있다는 것을 인정하는 게 낫지 않겠습니까?

며칠 후 수업에서 또 그 학생이 손을 들었습니다. 말해 보라고 하자 그는 다른 학생들을 향해 돌아선 후 이렇게 말했습니다. "나는 주말에 너희가 무슨 짓을 하는지 알고 있어. 너희가 다른 사람들보다 더 나은 건 아니야. 적어도 나는 나 자신에게만큼은 진실해."

나는 이런 학생에게 칭송해야 할 부분이 있다고 여깁니다. 그에게는 자신의 확신을 분명히 표현하는 용기가 있었기에 나는 그 점을 칭찬해 주었습니다.[2] 문제는 그가 자신의 확신이 무엇이었는지 실제로는 몰랐다는 것이죠. 결국 누구든 자기 자신에게는 진실할 수 있습니다. 만일 당신이 정말로 용감하고 훌륭한 무언가를 하고자 한다면 당신 자신보다 누군가에게 더 진실할 수 있도록 노력하십시오, 예수님처럼.

 좋아하는 텔레비전 프로그램의 다음 화를 건너뛰어 보세요(꼭 봐야 한다면 나중에 볼 수 있습니다).

---

2 이 학생은 고등학교 때와 마찬가지로 대학에서도 문제를 많이 일으켰습니다. 단, 그리스도교 교리를 '방어'함으로써 더 큰 문제를 일으킬 수 있다는 것도 알게 되었지요.

말로 자기부정

~

만일 사제들 가운데 어떤 사람이 수도원에 자신을 받아 주기를 청하거든 너무 빨리 그에게 허락하지 말 것이다. 그러나 만일 그가 이 간청에 아주 꾸준하거든 (받아 줄 것이나) 자기는 규칙서의 모든 규율을 준수해야 함을 알 것이다.

『수도 규칙』제60장_수도원 안에 거주하기를 원하는 사제들에 대하여

하느님은 왜 우리를 창조하셨을까요? 하느님께서는 우리가 당신을 알고, 당신을 사랑하고, 이 세상에서 당신을 섬기고, 하늘에서 당신과 영원히 행복하게 지낼 수 있도록 하기 위해서 우리를 창조하셨습니다. 우리의 직업이 무엇이든, 우리의 은사가 무엇이든, 우리가 어디 출신이든, 우리가 가는 방향이 어디이든 간에 이것이야말로 우리 존재의 목적이며 우리가 무엇을 하든 더할 수 없이 좋은 것입니다. 우리는 경찰이나 의사, 프로 테니스 선수,

통신 판매원일 수 있습니다. 그러나 지상에서 우리의 궁극 목적은 똑같은 것입니다.

　성 베네딕도는 어떤 특권과 자율을 누리며 성장한 사람이 수도원에 들어오려 할 때면 처음부터 이 점을 분명히 했습니다. 그런 사람은 뛰어난 경력을 지녔거나 세속에서 권력과 영향력을 행사했을 수도 있습니다. 그러나 일단 수도원에 발을 들여놓으면 그저 한 사람의 수도승일 뿐입니다. 수도원 울타리 안에서는 "모두가 그리스도 안에서 하나"(갈라 3,28)입니다. 지금부터 그는 깊은 초연함으로 모든 일에 임하면서 반드시 수도원장의 허락을 받아야 합니다. 우리는 여기에서 삶에 대한 중요한 교훈을 얻을 수 있습니다. 인간으로서 우리의 존엄성은 우리가 하는 말이나 재능, 성과나 시험 성적에 의존하지 않으며, 심지어 우리의 덕행에도 의존하지 않습니다.

세인트루이스 수도원의 수도승들은 한 가족으로서 매일 저녁식사 후에 거실에 모여 반 시간 정도 함께 어울립니다. 나는 수도원에 입회하기 전에 스탠드업 코미디에 도전한 적이 있었고 지금도 연예인의 기질이 조금 남아 있다고 느낍니다. 언젠가 저녁식사 후 형제들과 어울리는 시간에 내 옆에 있던 수도원장은 이렇게 말했습니다. "어거스틴 형제, 형제는 인기 배우와 같은 개성을 가지고 있어요. 하지만 때로는 덜 유명한 배우들도 드러날 기회를 얻어야 하지 않을까요?" 조용히 하라는 말을 나는 이처럼 멋진 방식으로 들어 본 적이 없습니다.

사실 우리는 모두 스타입니다. 우리는 모두 하느님의 자녀들이기 때문에(갈라 3,26 참조) 우리에게는 무한한 가치가 있습니다. 우리가 우리 자신의 존엄을 알게 된다면 다른 사람들에게 따로 무엇을 증명할 필요를 느끼지 않게 될 겁니다.

과제   이미 알고 있는 이야기라도 다시 들어 보세요.

행동으로 자기부정

~

각 사람은 각각의 침대에서 잘 것이다. 침구는 수도생활의 방식에 맞게, 자기 아빠스가 분배하는 대로 받을 것이다. 할 수 있다면 모든 이들은 같은 곳에서 잘 것이다. 그러나 (수가) 너무 많아서 그렇게 할 수 없거든, 열 명씩 혹은 스무 명씩 그들을 보살필 장로들과 함께 잘 것이다. 등불은 아침까지 계속해서 침실에 밝혀 둘 것이다. 옷을 입은 채로 잘 것이며, 띠나 끈도 맨 채로 잘 것이나, 잠결에 혹시라도 상처 입지 않도록 칼을 허리에 차고 자지는 말 것이다. 그리고 수도승들은 항상 준비된 상태에 있다가, 신호가 나면 지체 없이 일어나서 하느님의 일에 서로 빨리 오도록 노력할 것이나, 온갖 신중함과 단정함으로 할 것이다. 젊은 형제들은 자기들끼리 (따로) 침대를 모아 놓지 말고 장로들과 섞어 놓을 것이다. 형제들이 하느님의 일을 위해 일어날 때, 잠 많은 이들이 핑계 대지 (못하도록) 서로 적당하게

깨워 줄 것이다.

『수도 규칙』 제22장_ 수도승들은 어떻게 잠자야 하는가

나는 베네딕도회가 무기를 다루는 방법과 관련해 규칙서에 규정을 넣은 유일한 수도회라는 것을 자랑스럽게 여깁니다. 이 규정은 매우 많은 이들이 칼을 지니고 다녔던 중세까지 거슬러 올라가지요. 비록 이 규정에 순응할 기회가 거의 없긴 해도 나는 이 구절을 무척 즐겨 인용합니다. 잠을 자면서 나 자신을 찌를 위험을 느껴 본 적은 물론 없습니다.

반면에 나는 아침에 깨어나는 데 어려움을 느낍니다. 수도원에 입회하고 처음 10년 동안은 벨소리를 들을 때마다 일부러 침대에서 굴러떨어지곤 했습니다. 다칠 수도 있었지만 다시 잠에 빠지지 않는 유일한 방법이었지요. 진실을 말하자면 이 전략도 완전히 성공한 것은 아니었습니다. 제 수련장이 했던 말을 기억합니다. "형제, 기도 시간에 잠자는 수도승은 망을 볼 때 잠자는 군인과 같아요." 이 말이 극적으로 들릴 수도 있겠지만 그 위험은 매우 현실적입니다. "정신을 차리고 깨어 있으시오. 여러

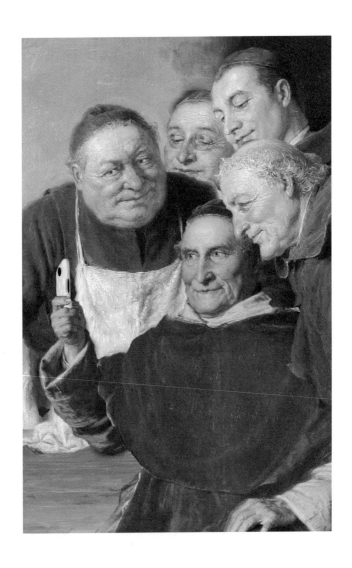

분의 적수 악마가 사자처럼 으르렁대며 누구를 삼킬까 찾아 돌아다닙니다"(1베드 5,8).

그래서 우리는 깨어 있어야 합니다. 이러한 적수를 가까이 둔 그리스도인들은 영적 전투를 벌이기 위해 즉시 일어날 준비가 되어 있어야 합니다. "우리 전투의 무기는 육적인 것이 아닙니다. 그것은 어떤 요새도 무너뜨릴 수 있을 만큼 하느님을 위한 막강한 무기입니다"(2코린 10,4).

더욱이 젊은이들을 소란에서 지켜야 하는 것은 장로들의 일이기도 합니다. 밤새도록 주변을 어지럽히며 깨어 있다면 다음 날 아침기도를 제대로 드릴 수 없기 때문이지요. 제시간에 잠자리에 드는 것만으로도 거룩함에 절반 정도는 다다른 것이라고 나는 확신합니다. 당신이 어떤 군인이든 간에 휴식을 잘 취했을 때 망을 보기가 더 쉬운 법입니다.

(과제) 잠자리에 들기 전 마지막으로 읽는 것이 성서가 되도록 하십시오.

자신의 꿈을 좇지 말라

제3단계

〰〰〰〰〰

순명

겸손의 셋째 단계는, 하느님께 대한 사랑 때문에 온갖
순명으로써 장상에게 복종하여 "그분은 죽기까지 순종
하셨다"(필리 2,8)라고 사도께서 말씀하신 그 주님을 본
받는 것이다.

모든 사람에게는 꿈이 있습니다만, 우리가 그 모든 꿈을
좇았다면 세상은 혼돈과 파멸로 무너졌을 것입니다. 어
떤 사람들은 건강하지 못하거나 자멸적이거나 무모하거
나 어리석거나 아니면 그저 사악한 꿈을 갖고 있습니다.
그렇다면 어떤 꿈을 좇아야 할지 어떻게 알 수 있을까요?
우리는 자신보다 나이 들고 경험이 많거나 더 현명한 사
람에게서 조언을 구합니다. G.K. 체스터턴은 이런 말을
한 적이 있습니다. "우리는 사실 우리가 올바른 곳에서 올
바른 종교를 원하지 않는다. 우리가 원하는 것은 우리가

그릇된 곳에서 올바른 종교다."[1] 순명이란, 그릇된 꿈을 따르는 것에서 우리를 구원해 주는 것입니다.

1 G.K. Chesterton, *The Catholic Church and Conversion* (San Francisco: Ignatius Press 2006) 115.

생각으로 순명

~

수도승이 장상으로부터 어떤 것을 명령받았을 때에는 자신을 위한 일을 즉시 그만두고 사사로운 뜻을 버리며, 자기가 하던 일에서 즉시 손을 떼어 아직 마치지 않은 채 그대로 두고, 순명의 빠른 걸음으로 명령하는 이의 말을 행동으로 따른다.

『수도 규칙』 제5장_ 순명에 대하여

무언가를 하라는 명령을 받는 것을 좋아하는 사람은 없습니다. 요즘은 과거보다 더욱 그렇지요. 사람들은 자신만의 일을 하기를 좋아합니다. 프랭크 시나트라는 "난 내 방식대로 살았다네!"라고 노래했습니다. 유감스럽게도 모든 일을 자기 방식대로 강행하고자 할 때 보통은 다른 누군가의 실수를 반복하는 일이 벌어집니다. 불안에 시달리는 세상의 모든 청소년들은 부모에게 반항합니다. 특별한 사람이 되고 싶다면 부모님께 순종하도록 노력하

십시오.[2] 더 좋은 것은 그저 자신의 길이 아니라 진리이신 유일한 그 길을 따르는 것입니다. 참된 길을 따르기 위해서는 자신의 한계를 아는 건전한 감각이 필요합니다. 세상에는 자기보다 더 똑똑한 누군가가 있다는 사실을 받아들일 수 있도록 충분히 겸손해야 합니다.

---

2 물론 세상에는 나쁜 부모들도 분명히 있습니다. 만일 부모님이 잔인하거나 비도덕적인 일을 요구한다면 아주 힘든 결정을 내려야 할 것입니다.

가장 순수하고 가장 품위 있는 순종의 모범은 예수님의 어머니 마리아입니다. 하느님의 천사에게 "예"라는 놀라운 응답을 했을 때 마리아는 자신의 이야기가 얼마나 영광스럽게 끝을 맺을지 또는 얼마나 많은 고통을 감내해야만 할 것인지 알 도리가 없었습니다. 사실 성서학자들이 지적하듯이, 마리아에게는 자신의 삶이 짧고 비극적일 것이라고 믿을 수밖에 없는 온갖 이유가 있었지요. 그러나 마리아는 영웅적 순명으로 하느님의 부르심에 응답했습니다. 베네딕도『수도 규칙』에 대해 뛰어난 주석서를 쓴 폴 들라트는 이 순명을 '초자연적 온순함'이라고 부릅니다.

그런데 '온순하다'라는 단어가 나 자신이나 많은 이들에게 쉽게 또는 정확하게 적용할 수 있는 형용사는 아닙니다. 현대인에게 이 단어는 전혀 영웅적으로 느껴지지 않거든요. '온순한' 배트맨이나 '유순한' 제임스 본드, '고분고분한' 슈퍼맨을 상상할 수 있겠습니까? 그러나 하느님의 뜻 앞에서 대안은 무엇일까요? 우리는 "만일 내가 하느님의 뜻을 알았다면 그 일을 했을 것"이라고 자주 말합니다. 그렇습니다. 누가 그렇게 하지 않겠습니까?

중요한 점은 하느님의 뜻을 모르는 채 하느님의 뜻을 받아들이는 것입니다. 백지수표에 우리의 삶을 맡기는 것이지요. 이것이 그리스도교적 의미의 순명이며 자기 확신을 얻을 수 있는 유일한 합법적 원천입니다.

 혹시 당신 방식대로 풀리지 않는 일을 만난다면 흘러가는 대로 내버려 두십시오.

말로 순명

~

만일 수도승들이 밭의 일을 하지 않았거나 혹은 심한 여름 더위로 괴로울 정도가 아니면 수요일과 금요일에는 제9시(오후 3시)까지 금식하고, 나머지 날들에는 제6시(낮 12시)에 점심식사를 할 것이다. 만일 밭에 일이 있거나 혹은 여름 더위가 지나치게 (심하거든) 제6시에 점심식사하기를 계속할 것이며, 이것은 아빠스가 배려할 일이다. 이처럼 모든 일을 조절하고 배치하여, 영혼들이 구원받게 하고 형제들이 정당한 불평 없이 일하도록 할 것이다.

『수도 규칙』 제41장_ 형제들이 어느 시간에 식사해야 하는가

베네딕도는 아침의 금식 시간을 기꺼이 줄였습니다. 수도승들이 '정당한 이유'를 대고 불평하기를 바라지 않았기 때문입니다. 음식은 사람들이 불평하는 것들 중 하나입니다. 이스라엘 백성은 이집트 땅에서 나온 뒤 신 광야

에 이르렀을 때 먹을 것이 충분하지 않다고 불평했습니
다(탈출 16,3 참조). 또 주님께서 그들에게 만나와 메추라기
를 보내 주셨을 때는 마실 물이 충분하지 않다고 불평했
고요(탈출 17,2 참조). 탈출기에서 이 구절을 읽을 때면 나는
엄청나게 실망하며 이렇게 탄식하시는 하느님의 모습이
그려집니다. "진심이냐? 내가 너희를 위해 이 모든 일을
했는데 결국 너희는 음식 때문에 불평하는 것이냐?"

그런데 우리가 굶주릴 때는, 거룩하게 지내면서 그 길

을 지키는 일이 쉽지 않습니다. 단식을 한다고 해도 비슷하겠지요. 먹을 것이 충분치 않거나 며칠 동안 내내 귀리죽으로만 연명한다면 영성생활은 악화되기 십상입니다. 그럼에도 참으로 강한 영혼은 힘든 상황에서도 기뻐할 수 있는 능력을 드러내는 특징이 있습니다. 불평을 할 만한 충분한 근거가 없기 때문이지요. 불평이란 사악하지는 않지만 고마움을 모르는 한 형태입니다.

정당한 이유를 대고 불평하는 것이 반대의 경우보다더 안 좋다고 주장하는 사람이 있을지 모르겠군요. 거기에는 근거가 있기 때문이지요. 정당한 불평은 더 빠르게 퍼지고, 멈추기도 어렵고, 다른 사람에게 상처를 주기도쉽습니다. 우리는 다음과 같이 불친절하게 말문을 여는경우를 얼마나 자주 접합니까? "나는 면전에 대고 못 할말은 뒤에서도 하지 않아요." 사실 면전에 대고 말할 수있다는 것이 뒤에서 험담해도 좋다는 것을 의미하지는않습니다.[3] 그러므로 정당하든 그렇지 않든 모든 불평을

---

3 언젠가 내 학생 하나가 누군가에게 이렇게 말하는 것을 들은 적이 있습니다. "만일 네가 나에 대해서 좋지 않은 말을 해야 한다면, 적어도 그 말이 사실이 아니라는 것은 확실히 해 줘."

삼가고 시편 저자와 더불어 기도하는 편이 더 낫습니다.
"주님, 제 입에 파수꾼을 세우시고 제 입술의 문을 지켜
주소서"(시편 141,3).

 오늘 저녁식사 때 빵의 딱딱한 부분이나 검게 변한
바나나 또는 가장 작은 피자 조각 등 무엇이든 식탁
에서 가장 입맛이 당기지 않는 것을 먹어 보세요.

행동으로 순명

〜

모든 이들은 순명의 미덕을 아빠스에게 드러낼 뿐 아
니라 형제들끼리도 서로 순명할 것이며, 이 순명의 길
을 통해서 하느님께 나아가게 되리라는 사실을 알아
야 한다.

『수도 규칙』 제71장_ 서로 순명할 것이다

수도승들은 그저 장상에게만 순명하는 것이 아니라 서로
서로 순명하며, 특히 나이 든 형제들에게 순명합니다. 이
순명은 말을 듣고 실행하는 일을 훌쩍 넘어서 엄청난 인
내를 요구합니다.

　몇 년 전, 제 친구의 결혼식에서 설교를 해 달라는 요
청을 받은 일이 있습니다. 낯선 사람들에게 설교하는 일
은 제게 그다지 어렵지 않습니다. 그들은 내 과거를 모
르니까요. 하지만 친구들에게는 무언가 진지한 이야기
를 하기가 어렵습니다. 그래서 지혜가 바닥날 때면 늘 하

던 대로 루카 신부님을 찾아갔습니다. 루카 신부님은 우리 공동체의 설립자이시고, 수도승으로서 많은 경험을 하신 분이지요. 따뜻한 거실 의자에서 주무시고 계신 신부님께 말했습니다. "신부님, 일어나세요. 친구 결혼식에 가서 설교를 해야 하는데 지혜로운 말을 할 수 있도록 좀 도와주세요."

　루카 신부님은 눈을 뜨고 잠시 주변을 둘러보시더니

이렇게 말씀하셨습니다. "남편은 창문을 열고 싶은데 아내는 닫자고 할 날이 올 거라고 친구에게 말해 주세요." 그러고 나서 신부님은 다시 잠들었습니다.

누군가와 같이 살 때 가장 중요한 것은 결국 용서로 요약됩니다. "사랑은 너그럽습니다. 사랑은 친절합니다. … 모든 것을 덮어 주고 모든 것을 믿으며 모든 것을 바라고 모든 것을 견딥니다"(1코린 13,4-7). 참된 사랑은 달콤하고 재미있는 것보다는 인내에 더 가깝습니다. 사랑하는 사람들이 우리의 인내를 시험하고, 우리의 호의를 짓밟고, 우리의 화를 돋울 때 우리는 자신의 사랑을 증명할 수 있습니다. 사랑은 그저 반하는 것이 아니라, 고통의 시련 속에서 자신을 증명할 때 참된 사랑이 됩니다.

과제 누군가 (새치기를 하거나 음악을 크게 틀거나 냉장고에 있는 당신 몫의 음식을 먹어 치운다거나 하면서) 당신을 부당하게 대우한다면 그에게 미소를 짓고 하느님께 감사드리십시오.

어리석은 사람들과 어리석은 일을 용인하라

제4단계

~~~~~~~~~~~

인내

여러분은 내 이름으로 말미암아 모든 사람에게 미움을
받을 것입니다. 그러나 끝까지 참고 견디는 사람이야말
로 구원받을 것입니다(마태 10,22).

마더 데레사에 따르면 "하느님은 우리에게 성공하라고
요구하지 않으시고, 다만 충실하라고 하십니다". 실패하
는 중에도 충실한 것을 인내라고 합니다.

생각으로 인내

~

모든 영적 욕망을 가지고 영원한 생명을 갈망하라. 죽음을 날마다 눈앞에 환히 두라.

『수도 규칙』 제4장_착한 일의 도구들은 무엇인가

수도승들이 왜 검은 수도복을 입는지 아십니까? 우리의 죽음을 생각하기 위함입니다. 병적인가요? 아마 그렇지는 않을 겁니다. 심술을 고치는 하나의 치료제가 있다면, 그것은 우리가 죽을 수 있다는 단순한 사실입니다. 성 바실리우스는 그리스도인의 특징을 "주님께서 예기치 않은 때 오실 줄 알고 언제 어디서나 하느님께서 기뻐하실 준비 태세를 갖추고 깨어 있는 것"[1]이라고 했습니다. 깨어 있음이 그리스도인의 특징입니다. 하지만 아침에 일

---

1 Basil, *The Morals 22, Luke,* Ancient Christian Commentary on Scripture, New Testament 3, 214에서 인용.

어나면서 오늘 세상이 끝날지 모른다고 진지하게 생각한 사람은 거의 없을 것입니다.

몇 해 전 여름에 나는 죽음이라는 현실을 직면한 적이 있습니다. 매년 여름이면 부모님이 살고 계시는 뉴저지 오션 카운티에서 몇 주를 보내곤 합니다. 시사이드 하이츠에서 파도를 타는 건 정말 즐거운 일이지요. 하지만 내가 파도를 즐겨 타는 장소에 종종 나타나는 거대한 백상아리는 무척 두려운 존재입니다.

어쨌든 연중에 파도를 탈 수 있는 날이 3주 정도밖에 없었기 때문에 그날도 바다로 나갔습니다. 기회가 오면 잡아야죠. 내가 바다에 들어간 지 5분도 채 안 되었을 때 파도 타는 사람이라면 결코 듣고 싶지 않은 외침이 들려왔습니다.

"상어다!"

고개를 들자 왼쪽 10미터 거리에서 거대한 회색 지느러미가 나를 향해 미끄러지듯 다가오는 것이 보였고,[2]

---

[2] 믿지 못하겠다면 ABCnews.com에서 "상어에게 거의 잡아먹힐 뻔한 파도 타는 수도승"(Surfing Monk Nearly Eaten by Shark)을 찾아보세요. 여기서 핵심은 '거의'(nearly)라는 단어입니다.

나는 미친 듯이 웃고 울고 비명을 지르면서 손으로 노를 저어 해변으로 빠져나왔습니다.

나는 무사히 돌아왔습니다. 그런데 이 짧은 시간 동안 해변으로 미친 듯이 질주하면서 두 가지 사실을 분명히 깨달았습니다. 첫째, 손을 물속에 넣지 않고서는 노를 저어 나아갈 수 없다는 것, 둘째, 세상은 당장 끝장날 기미가 안 보이더라도 나 개인의 세상은 언제든 끝장날 수 있다는 것, 아울러 현재 내 속을 썩이고 나를 괴롭히는 일들 중 상당수가, 죽고 나면 아무것도 아니라는 것도 알게 되었습니다.

인내의 핵심은 목표를 주시하는 것입니다. 모든 그리스도인에게 이 목표는 죽음의 문 바로 저편에 있습니다. "우리의 시민권은 하늘에 있습니다. 우리는 주 예수 그리스도께서 거기서 구원자로 오실 것을 고대합니다"(필리 3,20).

 누군가를 지적하거나 고쳐 주려 하지 말고 하루를 지내 보세요.

말로 인내

～

무엇보다도 먼저, 어떠한 이유로든지, 어떤 말이나 혹
은 표시로라도 불평의 악을 드러내지 말 것이며, 만일
이런 자가 있거든 더욱 엄한 벌을 내릴 것이다.

『수도 규칙』 제34장_모든 이들이 필요한 것들을 똑같이 받아야 하는가

가끔 방문객들에게 수도원을 안내하면서 이런 질문을 드
립니다. "베네딕도 성인이 자기 수도승들에게 절대적으
로 금지한 한 가지가 있는데 무엇이라고 생각하십니까?"
보통은 '사람을 죽이는 것'이나 '교회에서 도둑질하는 것'
또는 '여성과 달아나는 것' 등의 대답이 주로 나옵니다.
그런데 베네딕도 성인은 이러한 일들보다 '불평'을 더 위
협적으로 느꼈던 것 같습니다.

불평만큼 여러분을 망가뜨리는 일은 없을 것입니다.
불평은 성 베네딕도가 유독 싫어했던 것으로 『수도 규
칙』에서 여덟 번이나 언급합니다. 두 차례는 특히 강조

하면서 "무엇보다도"(ante omnia)라는 말로 시작합니다. 짧은 문헌인 『수도 규칙』에서 베네딕도가 거듭 강조하는 경우는 매우 드문 일로, 불평이 시작되기 전에 막는 일이 베네딕도에게는 무척 중요했다는 것을 알 수 있습니다.

생각해 보면, 공동체에서는 "싸움을 일으키고 친구들을 갈라놓는"(잠언 16,28) 불평꾼이 끊임없이 늘어놓는 비겁하고 징징거리는 험담보다는 차라리 노골적인 싸움이 더 낫습니다. 직접적인 불순명과 달리, 불평은 불평꾼 자신을 포함해 모든 사람을 불안하고 화나게 합니다. "그들은 빈둥거리면서 이 집 저 집 돌아다니고, 또 빈둥거릴 뿐 아니라 수다스럽고 남의 일에 참견하며 쓸데없이 지껄이는 짓만 익힙니다"(1티모 5,13).

최악의 상황은 불평하고 험담하는 사람들을 쉽게 멈추게 할 방도가 없다는 것입니다. 만일 누군가 여러분에게 어떤 문제가 있다고 여긴다면 여러분은 그 사람이 솔직하게 말해 주길 바라지 않겠습니까? 그런데 여러분의 등 뒤에서 계속 소곤거린다면 그 사람을 똑같이 불쾌하게 보는 것 외에 자신을 방어할 길이 없습니다. 성 요한 크리소스토무스는 말했습니다. "불평하면서 하는 것보다 아무것도 하지 않는 것이 더 나으니, 그 일 자체가 망가지기 때문입니다. … 불평은 가장 참을 수 없는 일이고 신성모독에 가깝습니다. … 불평은 배은망덕의 증거이며, 불평하는 사람은 하느님께 감사할 줄 모릅니다."[3]

거룩하고 행복하고 겸손해지고 싶다면 무엇보다도 불평하기를 그치십시오.

(과제) 당신의 다음 의견은 혼자만 알고 계십시오.

3 John Chrysostom, "Homily 8", in Nicene and Post-Nicene Fathers I, ed. Philip Schaff (Grand Rapids, Mich.: Eerdmans 1886) 13:394, Christian Classics Ethereal Library, www.ccel.org/ccel/schaff/npnf113.iv.iii. ix.html.

행동으로 인내

~

우리가 영적 기술의 도구들을 밤낮으로 끊임없이 채
워 실천하고 심판의 날에 그것을 돌려드리면, 주께서
친히 약속하신 그 상급을 받게 될 것이다.

『수도 규칙』 제4장_착한 일의 도구들은 무엇인가

얼마 전 뉴저지 해변에 계신 부모님을 방문한 것은 일종
의 순례였습니다. 나는 이 '순례'라는 용어를 사전에 나오
는 가장 평범한 의미, 곧 '잘 알려진 사건이나 인물과 관
련된 장소를 여행한다'는 뜻으로 사용합니다. 이 방문은
어느 모로 보든지 종교적 순례는 아니었지만 여러 해 전
부터 해 보고 싶은 일이었습니다. 부모님은 인기 있는 예
능 방송[4]을 촬영하는 곳 아주 가까이 사십니다. 바로 집
근처에서 벌어지는 유명한 사건에 대해서 아무것도 몰라

~~~~~~~~~~~

4　20대 젊은이 여덟 명이 해변가에 있는 집에서 함께 생활하는 모습을 보
여 주는 방송입니다.

서야 안 될 일이기에 촬영을 구경하러 갔는데 오래 머물지는 못했습니다. 예상대로 촬영 장소는 몰려든 10대들로 미어터졌습니다. 화 많고 고지식한 늙은 설교자라는 고정관념에 딱 들어맞는 사람이라는 비난을 듣더라도, 내가 충격을 받았다는 사실은 밝혀야겠습니다. 나는 해변에서 자랐고 학교에서는 일곱 명의 럭비 선수와 함께 지냈습니다. 소음과 소란과 장난과 반항에는 물론 익숙하지요. 내 룸메이트 하나는 "너무 시끄럽게 들린다면 네가 너무 늙은 것이다"라는 글귀가 적힌 포스터를 가지고 있었습니다. 그러니 그 정도 소란은 각오하고 있었지요.

내가 예상치 못했던 것은 공허함입니다. 이 아이들은 너무 공허하고 권태로워 보였습니다. 그들은 진이 빠질 만큼 문신과 피어싱을 하고 피부를 검게 태웠습니다. 너무 심해서 넋이 나간 것 같았어요. 그게 다가 아니었습니다. 나를 정말로 슬프게 했던 것은 그 아이들의 순진함이었습니다. 나는 교사이기 때문에 어떤 학생이 자기 잘못을 알았을 때 보여 주는 모습에 아주 민감하도록 교육받았습니다. 나는 죄책감을 느끼는 표정을 압니다. 이 아이들은 그렇게 보이지 않았어요. 그냥 지쳐 보였을 뿐입니다. 그 표정을 읽으면서, 더 좋은 무언가가 있다는 것을 그들이 정말로 모르고 있다고 확신하게 되었습니다. 이 아이들에게 다른 대안이 있을 수 있다는 것을 알려 준 사람이 아무도 없었다는 갑작스런 깨달음이야말로 이날의 가장 슬픈 경험이었습니다.

우리의 임무는 그 대안이 되는 것입니다. 우리는 밖으로 나가야 하고 균형을 잃은 문화에 평화와 안정의 증인이 되어 다른 이들에게 공허함을 채울 수 있는 길을 보여 주어야 합니다. 소리만 질러서 할 수 있는 일이 아닙니다. 소음만 보탤 뿐이지요. 우리는 "악하고 비뚤어진 세대 가운데서 하느님의 흠 없는 자녀"(필리 2,15)로서, 고요한 인내의 능력을 보여 주는 살아 있는 증인으로서 그곳에 있기만 하면 됩니다.

(과제) 미소 지으세요, 미소로 화답하지 않을 것 같은 사람에게도.

자신의 흉한 모습을 보이라

제5단계

~~~~~~~~~~

참회

마음속에서 일어나는 악한 생각이나 비밀리에 저지른 악행을 결코 숨기려고 하지 말라. 대신에 신뢰할 수 있는 누군가에게 그것들을 드러내라. 성서에 "네 길을 주님께 맡기고 그분을 신뢰하여라. 그분께서 몸소 해 주시리라"(시편 37,5)라고 쓰여 있기 때문이다.

인내는 어떤 좋은 일을 할 때만 가치가 있습니다. 반면에 여러분이 나쁘거나 어리석은 일을 한다면, 기꺼이 끊어 버리든가 도움을 요청하기 위해 여러분에게 필요한 것은 참회입니다.

생각으로 참회

~

지난날의 자기 잘못을 눈물과 탄식으로 매일 기도 중
에 하느님께 고백하고, 그 잘못을 앞으로 고쳐라.

『수도 규칙』 제4장_착한 일의 도구들은 무엇인가

베네딕도는 수도승들이 자기들의 잘못을 참으로 뉘우치
기를 바라면서도, 또한 사람들이 극단으로 가는 경향이
있다는 것을 경험을 통해 잘 알고 있었습니다. 영성생활
에서는 많은 위태로운 상황이 있기 때문에 이러한 극단
성은 특별히 위험할 수 있습니다. 우리가 잘못된 일을 하
도록 만드는 데 악마가 실패한다면, 악마는 우리가 옳은
일을 나쁜 방식으로 하게끔 시도할 것입니다. "사람에게
는 바른길로 보여도 끝내는 죽음에 이르는 길이 있습니
다"(잠언 14,12). 그래서 '영적 아버지'가 중요합니다. 영적
아버지는 균형 있는 시선으로 보도록 도움을 줄 수 있습
니다.

　청원자로 세인트루이스 수도원에 들어왔을 때 이제부
턴 절대 음란한 생각을 하지 않겠다고 다짐했습니다. 이
다짐은 15분을 넘기지 못했고, 그래서 수련기까지 미루
기로 했지요. 하지만 수련기가 되어서도 나는 여전히 음
란한 생각으로 괴로웠습니다. 성 베네딕도의 전기를 읽
으면서 나는 성인이 유혹을 받았을 때 장미 덤불에 몸을
던졌다는 사실을 알게 되었고, 성인이 했다면 나도 할 수

있겠다 싶었습니다. 그래서 수도원 뒤뜰로 나가 바로 몸을 던졌지요.

불행하게도 나는 성 베네딕도와 나의 중요한 차이점 세 가지를 고려하지 못했습니다. 첫째, 성 베네딕도는 정원에 재배되는 장미보다는 훨씬 작은 가시가 달린 야생 장미 덤불에 뛰어들었던 것이고, 둘째, 성 베네딕도는 알몸으로 뛰어들어서 옷이 헝클어질 일이 없었으며, 셋째, 성 베네딕도는 성인이었다는 사실입니다. 장미 덤불에서 뒹구는 것이 성인에게는 좋은 일일 수 있겠지만, 나 같은 보통 사람에게는 어리석은 일이었습니다. 나는 장미 덤불에서 빠져나오려고 허우적대면서 한 시간 반 정도 아주 고생을 했습니다. 또 나를 발견한 수사님에게 사태를 설명하느라 20분 동안 진땀을 빼야 했지요.

어리석은 짓이긴 했지만, 장미 덤불이 효과가 있었다는 사실은 덧붙일 만한 가치가 있을지도 모르겠군요. 사실, 정원에서 허우적거리는 동안에는 유혹에 대한 생각이 일절 없었습니다. 번번이 유혹을 받을 때마다 장미 덤불로 뛰어들었다면 아마도 정원사가 되었을지도 모르겠네요. 물론 형편없는 정원사였겠지만요.

나를 구해 준 수사님은 크게 웃으면서 다음번에는 금욕 실행 전에 수도원장의 조언을 먼저 듣는 게 좋겠다고 제안했습니다. 물론 나는 그 충고를 무시하고 과도하게 단식을 하는 바람에 위궤양이라는 결과를 얻은 적이 있습니다. 하지만 이것은 또 다른 이야기입니다.

과제 당신이 저지르지 않은 일에 대해 책임을 져 보세요 (그럴 기회가 있을 겁니다).

말로 참회

~

만일 누가 무슨 잘못을 저질렀다면 … 아빠스나 영신
적 장로들에게만 밝힐 것이다. 그들은 남의 상처들을
고칠 줄 알고, 또 (그 비밀을) 폭로하거나 공개하지 않
을 줄 안다.

『수도 규칙』제46장_그 밖의 다른 일에 잘못한 사람들에 대하여

수도원에서는 세탁실을 함께 사용합니다. 공용 다리미
도 한 대 있습니다. 물론 사용하다 고장 나면 새 걸로 삽
니다. 언젠가 내가 다리미를 집어 들자 손잡이가 떨어져
나가면서 전선이 빠지고 다리미에 담긴 물이 마룻바닥에
쏟아졌습니다. 보아하니 다리미를 마지막으로 사용한 사
람이 고장을 낸 뒤 대충 다리미대에 올려놓고는 다음 사
용자가 고장을 낸 것처럼 하려는 속셈이었지요. 이 사건
이후 나는 온종일 화가 나 있었습니다.[1]

부서진 다리미든 깨져 버린 약속이든 모든 죄는 공동

체에 영향을 끼칩니다. 심지어 사적인 죄도 마찬가지이지요. 흔히 말하듯 그 어떤 인간도 따로 떨어진 섬이 아니기 때문입니다. 우리가 하느님의 뜻에 반하는 행동을 할 때마다 세상은 공허함 쪽으로 점점 가까워집니다. 우리의 행동은 정말로 영향을 미칩니다. "사실 숨겨진 것은 드러나게 되고 감추어진 것도 알려져서 드러나게 마련"이니까요(루카 8,17).

다양한 종교에서 이를 '카르마'(업), '도', '인과법' 등으로 다르게 부릅니다. 심지어 과학에도 이에 대한 용어가 있지요. 뉴턴의 제3법칙, 곧 작용과 반작용의 법칙입니다. 그러니 세상이 허물어지도록 내버려 두지 말고, 죄를 회개함으로써 세상을 다시 바로 세우십시오. 당신의 영혼보다 훨씬 더 많은 것이 걸려 있습니다.

당연히 다른 사람에게 사과하는 것보다는 하느님께 사죄하는 것이 조금 더 복잡합니다. 우리에게는 자신을 속이려는 성향이 있기 때문입니다. 그래서 성 베네딕도

---

1 범인은 연세 높은 수사님이었습니다. 그분은 초강력 접착제를 사용해 다리미를 원상태로 되돌려 놓으려고 씨름했지만 실제로 사용한 것은 안약이었습니다.

는 우리 자신의 죄를 큰 소리로 다른 사람에게 고백하라고 강조하는 것입니다. 물론 성인은 성서의 말씀을 받아들인 것이지요. "그러므로 서로 죄를 고백하고 서로를 위해 기도하여 치유를 받게 하시오. 의인의 힘찬 기도는 큰일을 해낼 수 있습니다"(야고 5,16). 물론 이러한 일은 많은 것을 요구하며, 깊이 신뢰할 만한 사람을 찾을 수 있어야 합니다. 그러나 자기 자신에 대해 분명하고 정직한 감각을 얻고자 한다면 고백은 꼭 필요한 일입니다. 큰 죄든 작은 죄든 중요한 것은 그것에 대해 솔직히 말하는 것입니다. 죄를 은폐하는 것보다 영적인 상처를 더 악화시키는 것은 없기 때문입니다. 루이스 브랜다이스는 "햇빛은 최고의 살균제"라고 했습니다.[2]

과 제   당신이 망가뜨리지 않은 것을 고쳐 보거나 당신이 어지르지 않은 것을 치워 보세요.

---

2 Louis Brandeis, *Other People's Money and How the Bankers Use It* (New York: Frederick A. Stokcs 1914) https://louisville.edu/law/library/special-collections/the-louis-d.-brandeis-collection/other-peoples-money-by-louis-d.-brandeis.

행동으로 참회

~

만일 어떤 형제가 아무리 사소한 문제 때문에라도 아빠스나 자기 선배에게서 어떤 모양으로든지 책벌받거나, 또는 어떤 선배가 자기에게 대해서 가볍게 화를 내거나 아무리 가볍게라도 불쾌해하는 것을 느끼거든, 지체하지 말고 즉시 그의 발 앞에서 땅에 엎드려 그의 불쾌함이 풀려 강복을 줄 때까지 보속해야 한다.

『수도 규칙』제71장_서로 순명할 것이다

참된 그리스도교 공동체는 서로를 돌보기 위해 모든 구성원을 필요로 합니다. 그러므로 어떤 수도승이 자신이 공동체에 반하는 행동을 했다는 것을 감지하는 순간, 곧 자기 형제에게 분노나 근심을 일으켰다는 것을 아는 순간, 그는 바로 하던 일을 멈추고 그것을 고쳐야 합니다.

이런 일에서도 성 베네딕도는 곧바로 망설임 없이 행동할 것을 요구합니다. 훌륭한 수도승이라면 겸손을 자

신의 특별한 덕으로 삼고 변명이나 비난의 여지가 없도록 노력해야 한다고 그는 말합니다. 자신이 정말로 잘못했는지 자문하기를 멈추지 말고, 자신의 행동이 문제를 일으켰다는 것을 감지한 순간 바닥에 엎드려 축복을 구해야 한다고도 했습니다. 엄밀히 말해서 이 수도승이 용서를 청하고 있지 않다는 점을 주목하십시오. 적어도 처음에는 그렇습니다. 자기 잘못이 아닐 수도 있기에 그는 용서를 구하는 대신에 호의를 청합니다. 그리고 바닥에 엎드리는 행위에도 주목하십시오. 육체적인 행위가 중요합니다. 실행하기 쉽기 때문이지요. 슬픈 얼굴을 하거나 그렇게 보일 필요는 없습니다. 육체적으로 형제보다 자신을 낮춤으로써, 형제를 자극했을 때 상처 입힌 존엄성을 회복시켜 주는 것입니다. 형제가 아주 화가 나 있는 동안에 이 모든 것을 할 수 있습니다.

게다가 자신이 정말로 미안해하는지 헤아리기 위해 지체하지도 않습니다. 사도 바오로는 "여러분이 화낸 채 하루해가 지지 않도록"(에페 4,26) 하라고 했습니다. 그래서 수도승은 자신이 정말로 잘못했는지 확인하느라 기다리지 않습니다. 수도승은 그저 『수도 규칙』이 지시하는 것을 행합니다. 이것이 가식적으로 느껴질 수 있겠지만, 만일 사람들이 오직 자기 잘못을 아는 경우에만 사과한다면 사과하는 행위가 극히 드물 것이라는 사실에 대해서도 한번 생각해 보시기 바랍니다. 결국 자기 잘못을 뻔히 알면서 누가 논쟁에 뛰어들겠습니까?

결코 변명하면서 사과의 의미를 희석하지 마십시오. 잘못했다면 모조리 인정하십시오. 설사 잘못하지 않았더라도 개선할 길을 찾으십시오. 바닥에 엎드려서 축복을 구하십시오. 그러고 나서 모든 것을 내버려 두십시오.

 다음에 질책을 받게 되면 변명하지 마세요.

밟히는 사람이 되라

제6단계

평정

혹사를 당한다면 그것을 받아들이도록 노력하라. 가장 비천하고 최악인 것에 만족하고 당신에게 요구하는 모든 것에도 만족하는 길을 배우라.

누군가 당신을 모욕해서 속이 상하더라도 그 사람을 비난하지 마십시오. 당신은 건초더미였고, 그 사람은 당신을 날려 버린 미풍이었을 뿐입니다.[1] 물론 당신이 동네북으로 살아야 할 필요는 없지만, 모욕을 당할 때 어느 정도는 자초한 일이었을 가능성이 크다는 사실을 기억하십시오. 더 중요한 것은, 모든 모욕이 평정의 기술을 연마할 수 있는 기회라는 사실입니다.

---

[1] 이 은유를 내가 직접 생각해 낸 것은 아닙니다. 6세기에 활약했던 수도승 가자의 도로테우스의 영적 담화에서 가져왔습니다. 기회가 된다면 도로테우스에 대해 살펴보세요. 놀라운 인물입니다.

생각으로 평정

~

아빠스는 부산 떨거나 소심하지 말 것이며, 과격하거
나 고집하지도 말고 질투하지 말며 너무 의심하지도
말 것이니, (그렇게 하면) 잠시도 안심할 수 없기 때문
이다.

『수도 규칙』 제64장_ 아빠스를 세움에 대하여

수도원의 평정에 대해서는 수련기 때 처음 접했습니다.
세인트루이스는 세 강이 교차하는 곳에 위치해 있고 격
렬한 폭풍을 만나기 쉽습니다. 지역민들은 이 시기의 집
중호우를 '협곡 세탁기'(gully washers)라고 부릅니다. 환상
적인 번갯불은 고막을 찢을 듯한 천둥소리를 동반하고
바람은 땅에서 나무를 즉시 뽑아 버립니다. 엄청나게 퍼
붓는 비는 여기저기에 상처를 남깁니다. 어느 봄날 오후
이 폭풍우가 몰아칠 때 수도원에서 전기가 나갔고 나의
수련장은 엘리베이터 안에 세 시간 반 동안 갇혀 있었습

니다.

그는 무려 세 시간 반 동안 칠흑 같은 어둠 속에 앉아서 자신이 사라진 것을 공동체가 알아채기를 기다리고 있었습니다. 우리가 그의 부재를 알게 되었을 때 그는 엘리베이터에서 활짝 웃으며 나타났습니다. 그가 전혀 도움을 요청하지 않았기 때문에 아무도 그가 그곳에 있었는지조차 몰랐습니다. 어떻게 당황하지 않을 수 있었던 거냐고 이유를 묻자 그는 오히려 그런 질문을 받는 것이 놀라운 눈치였습니다.

"당황하지 않았냐고요? 어두운 엘리베이터 안에서 세 시간을 보낸 것뿐인데요?" 마치 이 말로 설명을 다 한 듯했습니다.

내가 더 보채자 그분은 대답을 이어 갔습니다. "거기에서는 갈 곳이 없었어요. 볼 것도 들을 것도 전혀 없었고 집중을 방해하는 것도 없었지요. 완벽했어요. 기도를 하는 데 이토록 좋은 기회가 얼마나 자주 오겠습니까?"

나는 당시 수련장 안에서 어떤 참된 능력, 아무리 힘든 상황에서도 기쁨을 느낄 수 있는 능력이 작용하고 있다고 생각했고, 만일 내가 그분처럼 살아가는 법을 배운다면 행복한 사람이 될 수 있겠다고 생각했습니다.

가장 비천하고 최악인 상황에 만족하는 법을 우리가 배운다면, 그냥 포기하는 것이 아니라 만족하는 법을 배운다면 결코 한 순간도 낭비되는 일이 없을 것입니다. 매사가 하느님께 영광을 드리는 기회이기 때문에 모든 슬픔에서 고통이 사라집니다. "그러므로 나는 그리스도를 위하는 일이라면 약점도, 오만 불손함도, 역경도, 박해도 그리고 곤경도 만족하렵니다. 내가 약할 때 오히려 나는 강하기 때문입니다"(2코린 12,10)라고 사도 바오로는 말했습니다. 역경 속에서 만족하는 법을 배운다면 온 삶이 빛과 희망과 기쁨으로 채워질 것입니다.

(과제) 당신을 비웃는 사람과 함께 웃으십시오.

말로 평정

～

아침기도와 저녁기도의 마지막 순서로 장상은 모든
이들이 듣는 가운데 주님의 기도를 반드시 외울 것이
다. 이는 흔히 일어나는 마음의 가책 때문이니, 기도문
가운데 "(우리에게 잘못한 이를) 우리가 용서하듯이,
우리를 용서하여 주소서"라는 언약을 바침으로써 모
여 있는 사람들이 이러한 허물에서 자신들을 깨끗이
하기 위해서이다.

『수도 규칙』 제13장_평일의 기도는 어떻게 바칠 것인가

우리는 평온하면서 동시에 분개할 수 없습니다. 이 둘은
결코 양립할 수 없습니다. 만일 참된 그리스도인이 모욕
이나 멸시를 당한다면 그는 아마도 "그래, 내가 자초한 일
이야. 이제 이 문제를 어떻게 해결하지?"라고 스스로 물
을 것입니다.

　얼마 전 내가 도서관에서 일하고 있을 때 수련자 둘이

웃고 떠들면서 들어왔습니다. 나는 잔소리를 했고 그들은 곧바로 침묵했습니다. 그러고 나서 한 수련자가 속삭였습니다. "수사님, 죄송해요. 오늘 많이 힘드셨나 봐요." 그의 평정심은 놀라웠습니다. 상처받은 자기 감정에 골몰하는 대신에 즉시 나와 나의 아픔에 관심을 기울였으니까요.

하지만 우리 모두가 그 수련자처럼 평정심을 지니고 있는 것은 아닙니다. 여러 형제들이 함께 살게 되면 어느 정도 의견 차이가 생길 수밖에 없고 때로는 매우 심각한 불일치도 있을 수 있기 때문에 성 베네딕도는 하루의 시작과 끝에 주님의 기도를 바치라고 강조합니다. 그러므로 우리는 하루가 시작되기 전에 서로를 용서하도록 되새겨야 하고, 하루의 끝에 그 약속에 따라 살았는지 확인하기 위해 다시 주님의 기도를 드려야 하는 것이지요. 누구나 쉽게 따라 할 수 있는 이 수도승의 관습을 나는 독자들에게도 강력히 추천합니다. 하루가 끝나면 화나게 한 사람의 목록을 작성하고 그들을 모두 용서하십시오. 큰 소리로 용서한다고 말하십시오. 그런 다음 잠자리에 들면 됩니다.

용서란 분노를 숨기거나 기쁜 감정으로 덮어 버리는 것을 의미하지 않습니다. 용서는 의지의 행위이므로 마음이 내키든 그렇지 않든 간에 하느님께 용서의 힘을 구하는 순간 사실상 원수를 용서한 것입니다. 감정은 나중에 따라올 것이고 평정심도 따라올 것입니다.

(과제) 천천히 가는 사람 뒤에서 일부러 느릿느릿 걷거나 운전을 해 보세요.

행동으로 평정

~

쾌락을 찾지 말라.

『수도 규칙』 제4장 _ 착한 일의 도구들은 무엇인가

과연 쾌락에 무슨 문제가 있는 것일까요? 왜 쾌락을 구하지 말라고 하는 걸까요? 베네딕도는 수도승들이 가련하게 살기를 원하는 것일까요?

처음에는 이 말이 쾌락을 끊고 가련하게 살라는 말처럼 들릴 수 있지만, 좀 더 오랫동안 베네딕도의 조언을 따르면서 살다 보면 그 의미를 더 잘 알게 됩니다. 음식이나 음악, 예술, 스포츠, 영화 등에서 쾌락을 느낄 때 기분 좋은 경험을 하지만 그것은 일시적일 뿐입니다. 실제로 성서는 이렇게 말하고 있습니다. "나는 즐거움을 찬미하게 되었다. 태양 아래에서 먹고 마시고 즐기는 것보다 인간에게 더 좋은 것은 없다. 이것이 하느님께서 태양 아래에서 인간에게 부여하신 생애 동안 노고 속에서 그가 함께할 수 있는 것이다"(코헬 8,15). 분명히 즐거움을 누리는 것에는 아무런 문제가 없습니다. 하지만 "태양 아래에서"라는 중요한 구절을 눈여겨보세요. 아마도 태양을 넘어서 추구할 만한 가치가 있는 것들이 더 있을 것입니다. 천국, 덕, 진리 등과 더불어 무엇보다도 하느님이겠지요. 쾌락을 좇기 시작할 때 우리는 우선적으로 해야 할 중요한 일들을 혼동할 수 있고 "하느님보다 쾌락을 더 사랑"(2티모 3,4)하는 사람이 될 수 있습니다. 예수님이 선택하려던 마르코 복음서에 나오는 부자 청년을 생각해 보세요. 마르코는 그가 많은 재산을 가지고 있었기 때문에 슬픔에 잠겨 근심하며 떠났다고 전합니다(마르 10,22 참조). 이 젊은이는 자기가 가진 것에 지나치게 사로잡혀서 예수님의 직접적인 요구를 거절했습니다.

내가 가르치는 학생들은 종종 내게 왜 수상 구조요원을 그만두었는지 묻습니다. 그 일이 수도승으로 사는 것보다 더 재미있지 않았냐고요. 맞습니다, 어떤 면에서는요. 그러나 내가 내린 결정을 변호하자면, 마흔다섯 살이 된 구조요원보다 더한 스트레스는 없을 거라고 할 수 있겠습니다.

모든 사람은 재미와 참된 기쁨 사이에서 선택을 해야만 하는 순간을 맞게 됩니다. 기쁨보다 재미를 선택하면 많은 공허함을 느끼게 될 것입니다. 이러한 결정들이 언제나 삶을 변화시키는 것은 아니지만 누적 효과를 발휘한다는 것은 분명합니다. 참된 기쁨은 노력을 요구하기 때문에 이러한 결정들은 종종 아주 어렵게 느껴지지요. 역설적이지만 부자 청년은 재미와 운명을 같이하기로 결정했기에 슬픔에 잠겨 떠났습니다. 중요한 삶의 결정을 내려야 할 때, 우리는 재미가 아무리 크더라도 기쁨을 선택할 수 있는 지혜를 가져야 합니다.

(과 제) 텔레비전 시청이나 게임을 30분 정도만 멈추고 대신에 성서를 읽어 보세요.

빈약한 자아상을 가지라

제7단계

~~~~~~~~~~

자기 겸허

자신은 합당하지 않은 하느님의 종이라는 것을 믿고 스스로 겸허히 낮추어 예언자와 함께 이렇게 말하라. "당신께 부르짖어 구원을 받고 당신을 신뢰하여 부끄러운 일을 당하지 않았습니다"(시편 22,6).

모든 인간은 무한한 사랑을 받고 있으며 무한히 소중한 존재입니다. 이 신성한 존엄성은 우리의 노력으로 얻은 게 아니라 하나의 선물입니다. 그럼에도 우리는 어떻게 해서든 하느님의 사랑에 합당한 모습을 보여야 한다고 확신하며, 만약 우리가 매력적이거나 자비롭거나 충분히 용감하다면 그분이 우리에게 보상해야 할 것이라고 여깁니다. 자기 겸허는 이러한 망상에서 벗어나게 하는 해독제입니다. 자기 겸허는, 하느님의 은총 없이 우리는 아무 것도 아니며 우리의 노력으로는 결코 그분의 은총을 얻지 못한다는 것을 스스로 되새기는 실천입니다. 역설적이지만, 아무것도 아니라는 이 건전한 감각은, 제대로만 이해된다면 더욱 깊은 확신감과 자유를 가져다줍니다. 재니스 조플린이 노래했듯이 "자유란 잃을 것이 더 이상 없다는 말"일 뿐입니다.

생각으로 자기 겸허

~

자신의 마음속에 떠오르는 나쁜 생각을 즉시 그리스
도께 던져 부수어 버려라.

『수도 규칙』 제4장 착한 일의 도구들은 무엇인가

자기 겸허를 자기 혐오나 자기 증오와 혼동해서는 안 됩
니다. 하느님의 피조물을 누구도 감히 증오할 수 없기 때
문입니다. 참된 자기 겸허는 고급 단계의 영적 발전을 나
타냅니다. 토마스 아 켐피스는『준주성범』3권 8장에서
'하느님 앞에서의 자기 겸허'를 이렇게 요약합니다. "혼자
남겨진 나는 완전히 나약한 존재일 뿐입니다. 그러나 당
신께서 저를 바라보신다면, 저는 곧바로 강해지고 새로
운 기쁨으로 가득 찰 것입니다."[1] 토마스 아 켐피스는 죄

~~~~~~~~~~

1 https://www.theworkofgod.org/Library/Books/KEMPIS/Imitation_
Jesus_Christ.htm.

에 저항해야 하는 부담을 자신만 지는 게 아니라는 것을 알고 있기 때문에 안전함을 느끼고 있습니다. 그는 유혹이 오는 때를 알기에, 바위이신 예수 그리스도께 죄를 던져 부수어 버리기만 하면 됩니다.[2]

기도할 때 우리의 죄가 분명하게 보일 때면 우리는 용기를 잃고 좌절할 수 있습니다. 어느 때보다도 낙담할 수 있습니다. 그러나 우울함을 그대로 두지 마십시오. 이런 좌절과 우울함은 사실 영적 진보를 보여 주는 표지입니다. 하느님의 완전한 거룩함에 가까이 갈수록 우리의 불완전함은 그분의 거룩함이 비치는 순수한 빛과 대비되어 더욱 두드러지게 마련이니까요. 이는 마치 고층 빌딩 옆에 서 있는 것과 같습니다. 가까이 설수록 더 작게 느

---

2 이 이미지는 사실 저주 시편의 한 구절에서 유래한 것입니다. "행복하여라, 네 어린것들을 붙잡아 바위에다 메어치는 이!"(시편 137,9). 시편 저자는 하느님께 자기 원수의 자녀를 죽여 달라고 청하고 있습니다. 어쨌든 우리 대다수는 때때로 이런 감정을 느낍니다. 그리고 이렇게 느끼는 사람들을 위한 기도가 있다는 것은 좋은 일입니다. 그러나 성 베네딕도는 이 시편에 등장하는 '자녀'를 유혹으로, '바빌론'을 사탄의 왕국으로 이해합니다. 성인은, 영적인 전쟁터에서 우리 곁에 서 계시며 흔들리지 않고 바위처럼 단단하신 그리스도께 우리가 유혹들을 던져 부수어 버리는 모습을 그리고 있습니다.

껴지는 것은 당연합니다. 참으로 거룩한 사람들일수록 이러한 영적 진보를 인정하기 힘들어하는데, 거룩하게 될수록 스스로는 거룩하지 않다고 느끼기 때문이라고 합니다.

그러므로 참된 자기 존중은 항상 자기 겸허를 동반하기 마련입니다. 자기 자신을 알기 위해서는 자신의 한계를 아는 것이 너무도 중요하기 때문입니다. 괴테는 이렇게 썼습니다(가톨릭 수도승이 이런 맥락에서 자기 글을 인용하는 것을 알면 언짢을 수도 있겠네요). "자신의 한계를 고맙게 여기는 식별하는 인간은 완전함에서 크게 벗어나 있지 않다."[3] 진실은, 우리는 모두 죄로 병들어 있고 예수님만이 유일한 치료제라는 것입니다.

(과 제) 당신이 미숙한 일에 대해 하느님께 감사드리세요.

---

3 Johann Wolfgang von Goethe, *Maxims and Reflection* (New York: MacMillan 1906) 518, Project Gutenberg, https://gutenberg.org/files/33670/33670-h/33670-h.htm.

말로 자기 겸허

~

성인이 되기 전에 성인으로 불리기를 바라지 말고, 참
으로 성인으로 불리도록 먼저 성인이 되라.

『수도 규칙』제4장_착한 일의 도구들은 무엇인가

성 베네딕도는, 그의 수도승들이 거룩하다고 불리길 원
한다는 생각에 마음이 뿌듯했던 것 같습니다. 그런데 무
엇보다도 겸손과 자기부정의 삶을 추구하며 들어오는 장
소인 수도원 어디에서 이런 야망을 품을 수 있을까요? 이
것은 자만이 아닐까요? 성 베네딕도는 그렇게 생각하지
않은 듯합니다. 그리고 그에게는 자신의 생각을 뒷받침
하는 성서가 있었습니다. 성 바오로는 티모테오에게 보
낸 편지에서 이렇게 자랑합니다. "나는 훌륭한 싸움을 했
으며 달릴 길을 다 달렸고 믿음을 간직했습니다"(2티모
4,7).

얼핏 보면 혼란스러울 수 있습니다. 우리에게는 겸손

을 자기 비하와 동일시하는 경향이 있기 때문이죠. "아, 그건 정말 아무것도 아니에요", "그냥 부랴부랴 준비한 겁니다", "내가 가장 큰 죄인입니다"(내가 좋아하는 표현). 사실 이런 표현들은 자기를 자랑하는 것처럼 느껴지지 않습니까? 자기 겸허는 자기 비하가 아닌 자기 이해입니다. 그러므로 당신이 어떤 일을 정말로 잘한다면, 그 재능을 과소평가하는 것은 겸손이 아닙니다. 그러면 무엇보다도 당신에게 그런 재능을 주신 하느님을 모욕하는 일이 되고 맙니다.

옥스퍼드의 어느 성에 살던 친구가 있었는데 자기 가족과 휴가를 같이 보내자고 저를 초대한 적이 있습니다. 진입로에 멈추어 서자 그 친구가 "집"이라고 부르는 엄청난 건축물이 보였습니다. 연못과 테니스장과 골프장과 예배당을 모두 갖춘 집이었지요. 나는 친구의 어머니에게 물었습니다. "정말로요? 진짜 당신 집이에요?" 친구의 어머니는 성과 나를 번갈아 바라본 다음 다시 성을 되돌아보며 대답했어요. "그래, 멋지지 않니? 우리는 정말로 축복을 받았단다." 내가 기대했던 대답은 "글쎄, 저 집 때문에 할 일이 너무 많단다" 또는 "고맙지만, 집을 유지하기가 정말 힘들구나"였습니다. 대신에 친구의 어머니는 자기 성을 바라보고 하느님께 감사를 드렸던 것이지요. 참된 겸손이라고 할 수 있겠습니다.

당신이 가진 선물에 대해 사람들이 칭송할 때 그 선물을 감사하는 것에는 아무런 죄가 없습니다. 오히려 그것을 부인하는 것이야말로 죄가 되겠지요. 토마스 아퀴나스는 "어떤 사람이 자기 자신에 대해 과도하게 생각하지 않는다면 그것은 겸손의 표지이다. 그러나 하느님으로부터 받은 좋은 것을 단죄한다면, 겸손을 증명하는 일과는 전혀 무관한 것이며, 그가 감사할 줄 모르는 사람임을 보여 주는 것"[4]이라고 말했습니다.

(과제) 당신이 잘하는 일에 대해 하느님께 감사드리세요.

4　Thomas Aquinas, *Summa Theologica*, trans. Fathers of the English Dominican Province, II-II, q. 35, a. 1.

　https://anucs.weblogs.anu.edu.au/files/2013/11/St.-Thomas-Aquinas-Summa-Theologica.pdf.

행동으로 자기 겸허

~

형제들은 서로 섬길 것이며, 병 때문이나 혹은 중요한 직책을 맡은 경우가 아니면 아무도 주방 업무에서 면제받지 못할 것이니, 이렇게 함으로써 더 큰 공로와 애덕을 닦게 되기 때문이다. … 한 주간의 봉사에서 물러가는 사람은 토요일에 청소를 할 것이다. 이들은 형제들이 손과 발을 닦는 데 사용했던 수건들을 세탁해야 한다. 그러나 당번에서 물러가는 사람과 당번에 들어올 사람은 다 같이 모든 이들의 발을 씻겨 줄 것이다.

『수도 규칙』 제35장_ 주방의 주간 봉사자들에 대하여

누구에게나 허드렛일은 주어져 있기 마련입니다. 그리고 누구도, 심지어 수도승이라 할지라도 그런 일을 좋아하기는 어렵지요. 그렇더라도 누군가는 집을 청소해야 하고, 침상을 정리하고 쓰레기통을 비우고 설거지를 하고 잔디를 깎아야 합니다. 이런 일을 하지 않은 집은 더럽고

악취가 나며 추한 난장판이 되지요. 설거지는 하찮은 일처럼 보이지만 공동체의 질서를 갖추는 데 꼭 필요한 일입니다. 또 설거지는 누구도 원하지 않는 일이기 때문에 베네딕도는 이 일을 "공로와 애덕"을 닦을 수 있는 기회로 이해합니다. "인자도 섬김을 받으러 온 것이 아니라 섬기러 왔고, 또 많은 사람을 대신해서 속전으로 목숨을 내주러 왔습니다"(마태 20,28).

우리가 성인이 되기 위해서 기적을 행하거나 마귀를 쫓아내거나 죽은 자를 살리거나 공중부양을 하거나 동시에 두 장소에 나타나거나 환시를 보거나 예언을 할 필요는 없습니다. 리지외의 데레사는 "주님께는 우리의 뛰어난 행적도 아름다운 생각도 필요하지 않습니다. 그분은 단순함을 사랑하십니다"라고 말했습니다.[5] 마더 데레사는 또 이렇게 말했지요. "위대한 행위라는 것은 없습니다. 다만 위대한 사랑으로 하는 작은 행동이 있을 뿐입니다."

5 Thérèse of Lisieux, *The Story of a Soul,* www.gutenberg.org/ebooks/16772.

그러므로 하찮게 보이는 일은 거룩함을 가꿀 수 있는 정말로 큰 기회를 제공합니다. 어떤 수도승도 박탈당해서는 안 되는 기회이지요. 성 바오로는 "그러므로 여러분은 먹든지 마시든지 무엇을 하든지 간에 모든 일을 하느님의 영광을 위하여 하시오"(1코린 10,31)라고 말했습니다. 이 말은 하느님의 영광을 위하여 설거지를 할 수 있고, 하느님의 영광을 위하여 산책할 수 있으며, 하느님의 영광을 위하여 이를 닦을 수 있고, 하느님의 영광을 위하여 축구를 하거나 전구를 갈아 끼울 수 있다는 뜻입니다. 무슨 일을 하든지 당신은 그 일을 하느님의 영광을 위해 할 수 있습니다.

이것은 쉬운 일이 아닙니다. 그러나 참된 자존감을 가꾸고자 한다면 자기 겸허에 바탕을 둔 작은 행위들을 있는 그대로 인식하는 법을 배워야 합니다. 그런 일들이야말로 겸손을 가꿀 수 있는 큰 기회들을 제공합니다.

(과 제) 화장실을 청소하세요.

신중하게 생각하라

제8단계

신중

오직 합법적인 일만 행하고 원로들의 모범을 따르라.

규칙을 깨기 전에 우선 그 규칙들이 왜 존재하게 되었는지 확실히 아십시오. 좋은 규칙은 좋은 울타리처럼 우리를 보호하기 위해서 존재합니다. 성 바오로의 말씀처럼 "참되고 고상하며 의롭고 순결하며 사랑스럽고 영예로운 것은 무엇이든지 그리고 덕성스럽고 칭송받을 만한 것이면 모든 것을 마음에 간직"하십시오(필리 4,8). 신중한 사람은 열린 마음을 유지해야 할 때와 마음을 닫아야 할 때를 압니다.

생각으로 신중

~

하느님의 계명을 매일 행동으로써 채워라. 그리고 순
결을 좋아하라.

『수도 규칙』 제4장_ 착한 일의 도구들은 무엇인가

순결에 관한 베네딕도의 조언을 처음 읽었을 때 나는 굉
장히 의아하게 생각했습니다. 아마도 그 때문에 '순결'이
라는 말과 내가 하지 말아야 하는 모든 일을 연결시켰는
지 모릅니다. 내가 윤리신학을 가르칠 때 학생들이 꼭 질
문하는 것이 있습니다. "데이트를 한다면 죄를 짓지 않고
어디까지 허용되나요?" 그런데 이런 질문은 신중함이 결
여되어 있음을 분명히 보여 줍니다. 학생들은 "어떻게 하
면 최소한으로 공부하고도 이 과목을 통과할 수 있을까
요?"라는 질문을 결코 선생에게 하지는 않을 것입니다.
또는 코치에게 "이 경주에서 제가 가장 늦게 달릴 수 있는
길은 무엇입니까?"라고 묻지도 않겠지요. 만일 여러분의

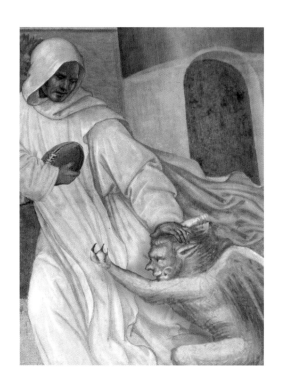

목표가 천국에 가는 것일 때 "제가 할 수 있는 최소한의 일은 무엇입니까?"라고 묻는다면 여러분의 태도가 잘못된 것임을 나타냅니다. 아마도 "데이트하면서 순결할 수 있는 최선의 길은 무엇인가요?" 또는 "젊은이가 무엇으로 제 길을 깨끗이 보존하겠습니까?"(시편 119,9)라고 묻는

게 더 나은 질문 방식일 겁니다.

물론 이러한 질문에 대한 여러 대답이 있습니다. 아타나시우스 수사는 교실에서 순결에 대해 가르칠 때 칠판에 '안 돼요'라고 쓴 다음 이렇게 말합니다. "오늘 우리는 순결에 대해서 이야기할 거예요. 질문 있나요?"

잠시 후에 어떤 학생이 손을 들고 말합니다.

"만약에 우리가요 …,"

"안 돼요."

"그래도 만약에 그 애가요 …,"

"안 돼요."

"어쩌다가 제가요 …,"

"안 돼요."

"그래도 만약에 우리가요 …,"

"안 돼요. 여러분이 무슨 질문을 하더라도 대답은 '안 돼요'입니다."

내 생각에 아타나시우스 형제의 관점은, 우리가 누군가에게 끌렸을 때 거기에는 순결한 애정과 욕정 사이를 가르는 분명한 선이 있다는 것입니다. 우리는 그 선을 넘지 않으면서도 가능한 한 선 가까이 가고자 합니다. 그리고 우리가 이런 질문을 던지는 이유는 조금이라도 그 선 가까이 가려고 핑곗거리를 찾고 있기 때문이고요.

그런데 성 베네딕도는 순결을 좋아하라고 말합니다. 언제나 "안 되는" 것을 어떻게 좋아할 수 있을까요? 모든 좋은 것은 사랑스럽고, 결국 순결도 좋은 것입니다. 나는 이렇게 이해합니다. 어머니에게 당신이 자랑할 수 있는 것은 무엇이든 자유롭게 하십시오. 어머니가 찬성합니 까? 그렇다면 계속 나아가도 좋을 것입니다.

 좋아하지 않는 규칙을 생각해 보고 긍정적인 방식으로 그것을 바꾸어서 말해 보세요.

말로 신중

~

만일 어떤 형제가 파문당한 형제와, 아빠스의 허락 없이 어떤 모양으로든지 감히 교제하거나 그와 함께 말하거나 혹은 그에게 소식을 전해 주면 (그에게도) 같은 파문의 벌을 내릴 것이다.

『수도 규칙』 제26장_파문당한 자들과 허락 없이 교제하는 이들에 대하여

지옥으로 가는 길은 선한 지향으로 포장되어 있다고들 말합니다. 나는 그 길이 나쁜 의도로 포장될 가능성이 더 높다고 생각하지만, 사람들이 때때로 가장 그럴듯한 이유를 대면서 최악의 결과를 낳는다는 사실은 여전히 그대로입니다. 내가 해변 순찰대에서 일하던 당시에 53번가 부두에서 소년 하나가 미끄러져 물에 빠지는 사고가 일어났습니다. 그의 아버지는 20미터가량 떨어져 있던 인명 구조원에게 도움을 청하는 대신에 직접 물에 뛰어들었고 아이의 머리를 잡아 물가로 끌고 나왔습니다. 그

런데 그 아이는 떨어지면서 목뼈가 부러진 것으로 드러났습니다. 살아날 기회가 있었지만 아버지가 머리를 잡아당기는 순간 아이는 척수가 절단되고 말았습니다. 피할 수 있었던 비극이지요. 신학자들이 '적절하지 못한 선'이라고 말하는 것을 보여 주는 전형적 사례입니다.

심지어 자비도 잘못된 방향으로 간다면 해를 끼칠 수 있습니다. 그리고 이러한 실수를 하지 않을 수 있는 유일한 보증이 바로 순명이라는 덕입니다. 물론 권위에 저항하라는 요청을 받을 때가 있습니다. 그러나 대부분의 경우 우리는 이런 권위들, 곧 교사와 부모 같은 세속적 권위, 경찰과 소방관 같은 정부의 권위, 수도원장과 사목자 같은 종교적 권위를 신뢰해야 합니다. 그들은 자기가 하는 일을 알고 있으며 우리보다 해당 분야를 더 잘 압니다.[1] 나는 이 말이 듣기 거북하다는 것을 알고 있습니다. 그러나 성 바오로의 말씀도 숙고할 만한 가치가 있을 것입니다. "사람은 누구나 통치권에 복종해야 합니다. 하느님한테서 나오지 않은 통치권은 없으며 현존하는 통치권은 하느님의 명을 받아 세워졌습니다"(로마 13,1).

싱 베네딕도가 묘사한 상황에서 문제의 수도승은 파문당한 형제를 위로함으로써 분명히 자기가 옳은 일을 하고 있다고 생각합니다. 그러나 그는 전반적인 상황을 고려하고 있지 않습니다. 수도승이 왜 파문당했는지 그리고 그가 어떤 고통을 받고 있는지 확실히 아는 사람은 아빠스밖에 없습니다. 파문당한 수도승에게 격려는 최후의 방편일 수 있습니다. 성 요한 카시아누스는, 파문당

---

1   의학, 법률, 배관, 치과, 자동차 등과 관련된 권위는 즉각 받아들이면서도 신학과 관련해서는 스스로 전문가라고 여기는 사람들을 보면 참 당황스럽습니다.

한 사람과 어울리는 수도승은 "단지 파문당한 이의 거만함과 고집을 더 부추길 뿐이며, 오직 해롭기만 한 위로를 베풂으로써 파문당한 이의 마음을 더욱 굳게 만든다"[2]고 경고했습니다. 달리 말하면, 질병을 조장하면서 환자를 도울 수 없다는 것입니다. 이러한 상황에서는 기도만이 신중한 응답입니다. 생각해 보면, 어떤 일에 대해서건 가장 신중한 응답은 언제나 기도입니다.

(과 제) 당신이 이미 알고 있는 걸 누군가 알려 주면 그냥 "감사합니다" 하고 대답하세요.

---

2 John Cassian, *The Twelve Books on the Institutes of the Coenobia,* 2,16.

행동으로 신중

수도원의 당가로 선정될 사람은 공동체에서 지혜롭고, 성품이 완숙하고, 절제 있고, 많이 먹지 않고, 자만하지 않고, 부산 떨지 않으며, 욕을 하지 않고, 느리지 않으며, 낭비벽이 없고, 오히려 하느님을 두려워하는 사람이어야 한다 …. (당가는) 무엇보다도 겸손을 지니고, 주어야 할 물건이 없을 때는 좋은 말로 대답할 것이니, "좋은 말은 가장 좋은 선물보다 낫다"(집회 18,17)는 성서의 말씀대로 할 것이다.

『수도 규칙』제31장_ 수도원의 당가는 어떤 사람이어야 하는가

당가의 임무는 수도원의 모든 물질적 재화를 파악하는 것입니다. 당가는 영향력이 큰 직책이기에 수도원장은 지혜롭고 성품이 완숙하고 절제 있고 겸손한 사람을 당가로 뽑는 것이 무척 중요합니다. 물질적 재화는 영적 공동체에서도 아주 큰 유혹이 될 수 있으므로(복음서에서 유다

의 이야기를 살펴보십시오), 자신은 세속적이 되지 않으면서 세속적 재화를 보살피는 사람을 당가로 선정해야 하는 것입니다.

더욱이 사물들 자체는 저마다 어떤 신성함을 지니고 있습니다. 수세기 동안 그리스도인들은 인간존재가 영적인 것과 물질적인 것으로 깔끔하게 나뉠 수 있다는 오류에 빠져들었습니다. 영적 세계는 선이고 물질적 세계는 나쁜 것으로 보았지요. 물론 영적인 것이 물질적인 것보다 더 중요합니다(콜로 3,2 참조). 그러나 우리는 물질적인 세계를 완전히 무시할 수 없습니다. 그렇게 하는 순간 물질적 세계를 남용하게 되기 때문입니다. 하느님께서 당신의 피조물을 참으로 좋다고 말씀하셨다면(창세 1,31 참조) 우리가 뭐라고 달리 말할 수 있겠습니까?

열일곱 살 때 거실 카펫을 태워서 구멍을 낸 적이 있습니다. 일부러 그런 것은 아니었지만, 텔레비전 앞에서 아무 생각 없이 양탄자 위에 뜨거운 팝콘 주전자를 내려놓았던 것이지요. 잠시 후 어머니가 눈물을 글썽이며 말씀하셨습니다. "대학 가기 전까지 이 집을 얼마나 더 부술 작정이니? 좀 알려 다오, 내가 더 이상 집착하지 않게

…." 이 사건이 있기 몇 주 전에는 침실에서 볼링 공으로
저글링을 했고, 몇 개월 전에는 부모님 차를 후진하다 주
차장 문을 들이박기도 했습니다. 단 한 번도 의도한 적
없는 사고들이었지만, 한편으로 다른 누군가의 물건을
대충 다루기는 쉽습니다. 성 베네딕도는 어떤 것도 자기
소유로 삼을 수 없는 수도원에서 이런 위험이 발생하기
쉽다는 것을 내다보았습니다. 그래서 물질적 재화를 돌

보는 일에 규칙서에서 세 장이나 할애했던 것이지요.

결국 우리가 가진 모든 것은 하느님으로부터 빌린 것입니다. 오래지 않아 우리는 죽을 것이고 다른 누군가가 우리 손에 있던 모든 것을 넘겨받겠지요. 이는 전 지구적으로도 사실입니다. "세상과 그 안에 가득 찬 것들, 누리와 그 안에 사는 것들이 모두 주님의 것"(시편 24,1)이니까요. 우리가 기후 변화나 멸종, 자원 고갈 등에 대해 어떻게 느끼든 간에 물질세계를 지극히 주의해서 다루어야 하니, 그것은 우리의 소유물이 아니기 때문입니다. 우리가 거실 카펫을 태워 구멍을 낼 권리가 없는 것처럼 오존층에도 구멍을 낼 권리가 없습니다. 이는 존중의 문제입니다. 자연 자체에 대한 존중이 아니라 자연의 설계자요 주님이신 하느님에 대한 존중의 문제입니다.

과제 누군가 어지른 것을 깨끗이 치워 보세요. 바닥 청소라면 보너스 점수도 드립니다.

큰 소리로 말하지 말라

제9단계

~~~~~~~~~

침묵

당신에게 말을 걸 때만 말하라. 성서에 "말이 많은 데에
는 허물이 있기 마련, 입술을 조심하는 이는 사려 깊은
사람"(잠언 10,19)이라고 나와 있기 때문이다.

모든 침묵을 말로 채우려는 것은 거대한 유혹일 수 있습
니다. 우리가 기도할 때도 사정은 마찬가지입니다. 그러
나 성 베네딕도에게는 곤란한 침묵과 같은 것이 없습니
다. 성인은 모든 침묵의 순간을 하느님께 귀를 기울이는
기회로 삼았습니다.

생각으로 침묵

~

오, 아들아, 스승의 계명을 경청하고 네 마음의 귀를 기울이라.

『수도 규칙』_머리말

"귀를 기울이라." 성 베네딕도의 『수도 규칙』 첫머리에 나오는 이 말은 아주 중요합니다. 수도승에게 영성생활의 중심점, 곧 하느님께 귀를 기울이는 것을 제시하기 때문이지요. 먹고 잠자는 방식부터 일하고 기도하는 방식까지 수도승이 하는 모든 일은 경청하는 데 도움을 주기 위해 고안된 것입니다.

"내 얘기 듣고 있나요?"

"내가 하는 말 못 알아들어요?"

논쟁할 때 우리는 종종 이런 표현을 사용합니다. 만일 우리가 정말로 서로 경청했다면 얼마나 많은 문제가 풀렸을 것인지 생각해 보십시오. 베네딕도회 소속의 마크리나 수녀님은 언젠가 제게 이렇게 말한 적이 있습니다. "수사님에게 불평하는 사람에게 그 불평을 그대로 되돌려 주어야 제대로 된 답변이 될 겁니다. 왜냐고요? 불평을 반복함으로써 그 사람은 당신이 경청하고 있다는 것을 분명히 알게 되니까요." 남들에게 내 말을 들으라고 강요할 수는 없습니다. 그러나 우리가 자기네 말을 경청하고 있다는 것을 확신할 때 그들이 얼마나 개방적이 되는지 알면 정말 놀랄 것입니다.

그런데 수도승의 삶은 다른 사람의 말을 듣는 것이 아니라 하느님의 말씀을 경청하는 것입니다. 하느님은 점잖은 분이시라 그것은 훨씬 더 어려운 일입니다. 그분은 아주아주 조용히 말씀하실뿐더러 당신께 귀를 기울이라고 강요하는 일이 거의 없습니다. 우리가 깨어 있지 않으면 다른 목소리를, 심지어는 우리 자신의 목소리를 하느님께서 하시는 말씀으로 오인하기 쉽습니다. 그래서 경험 많고 현명한 조언자, 곧 하느님의 참된 목소리와 하느님의 자리를 차지하려는 사기꾼을 구분하는 데 도움을 줄 수 있는 조언자와 영적 여정을 나누는 일이 지극히 중요합니다.

마크리나 수녀님이 내게 했던 말을 나누고 싶습니다. "현명한 사람을 만난다면 그에게 귀를 기울이세요. 그러면 지혜를 배울 것입니다. 어리석은 사람을 만나도 귀를 기울이세요. 그러면 인내를 배울 것입니다. 혼자 있게 되

면 하느님께 귀를 기울이세요. 그러면 모든 것을 배울 것
입니다."

과제) 다음 대화 때는 마지막 말을 하는 사람이 되는 것을
피해 보세요(친절하고 따뜻한 말이더라도 참아 보시길).

말로 침묵

~

"내 길을 지키어 내 혀로 죄짓지 않으리라. 나는 내 입
에다 파수꾼을 두었고, 벙어리가 되어 낮추어졌으며,
좋은 일에 대해서도 말하지 않았노라"(시편 39,1)라고
하신 예언자의 말씀을 우리는 실행하자. 여기에서 예
언자가 보여 주고자 하는 바는, 침묵의 덕을 (닦기) 위
해 때로는 좋은 담화도 하지 말아야 했다면 하물며 죄
의 벌을 (피하기) 위해서 나쁜 말을 해서는 안 된다는
것이다.

『수도 규칙』제6장_ 침묵에 대하여

티모시 호너 신부님은 우리 수도원의 최연장자입니다.
신부님은 키가 185센티미터 정도 되고, 붉은 머리카락이
이끼처럼 돋아 있습니다. 세계 곳곳을 돌아다녔으며, 옥
스퍼드에서 고전학 학위 둘을 취득했습니다. 제2차 세계
대전 중에는 인도의 영국 특수부대에서 복무했고, 세인

트루이스 수도원의 설립자들 중 한 분이십니다. "꼬마 잭
호너"(영국 전래 동요)의 직계 후손이기도 합니다. 신부님은
제가 만난 사람 중 가장 고상한 분입니다. 나는 신부님이
목소리를 높이거나 필요 이상으로 말을 하는 것을 본 적
이 없습니다. 크게 화를 내는 모습도 본 적이 없고요.

수련기 동안 나는 베네딕도『수도 규칙』에 대한 신부님의 수업을 들었습니다. 신부님은『수도 규칙』을 직접 번역하셨습니다. 강의하기 위해 신부님은 항상 일찍 오셨고 나는 종종 늦었지만, 숨을 헐떡이고 공책을 휘날리면서 핑곗거리를 준비하곤 했습니다. 그러던 어느 날 한 번은 신부님이 강의에 늦었습니다. 나는 공책과 책들을 잘 정리해 놓고 신부님이 도착하면 놀려 먹으려고 예행연습을 하고 있었습니다. 그러나 신부님은 내가 준비한 것을 써먹을 기회를 결코 주지 않았습니다. 변명이나 사과도 없었습니다. 사실 들어오시면서 아무 말도 하지 않았어요. 책을 탁자 위에 내려놓으며 신부님이 내게 건네신 노란 종이에는 이런 말이 적혀 있었습니다. "하느님의 첫 언어는 침묵입니다. 다른 모든 것은 번역입니다."[1]

우리가 침묵을 아주 두려워하는 사회에서 산다는 것은 유감스러운 일이 아닐까요? 우리는 자기 방이나 은신처에서 라디오와 텔레비전을 켜고, 자동차 안에서는 스

---

1 Thomas Keating, *Invitation to Love: The Way of Christian Contemplation.*

테레오 음악을 듣습니다. 이런 장소들이 아닌 경우에는 귀에 이어폰을 꽂거나 침묵을 회피하기 위해 무엇이든 합니다. 그러나 침묵 자체가 바로 하느님의 언어입니다!

최근에 제가 배운 것을 하나 알려 드리겠습니다. 하루에 단 몇 분이라도 침묵만을 위해 시간을 마련해 놓으십시오. 이내 더욱 평화로운 사람이 되는 것을 느낄 것입니다. 예수께서 우리에게 말씀하시는 것을 상상해 보세요. "나와 함께 외딴곳으로 갑시다"(마르 6,31 참조).

 운전할 때 라디오와 휴대폰을 꺼 놓으세요.

행동으로 침묵

~

형제들의 식사 동안에 독서를 생략해서는 안 되며, 우
연히 책을 잡게 되는 사람이 책을 읽어서도 안 된다. 한
주간 동안 (계속해서) 독서할 사람은 주일에 들어올
것이다. 들어오는 사람은 하느님께서 거만한 정신을
자기에게서 물리쳐 주시도록 미사와 영성체 후에 모
든 이들에게 기도를 청할 것이다.

『수도 규칙』제38장_주간 독서자에 대하여

수도승에게 침묵은 너무도 중요해서 음식을 먹는 동안에
도 말을 하지 않습니다. 대신에, 다른 형제들이 조용히 식
사하는 동안에 독서자가 책을 읽습니다. 성 베네딕도는
형제들이 무언가 필요할 때도 말로 하지 말고 신호를 사
용하라고 규정했습니다. 우리 수도원에는 우유나 물, 빵,
버터, 전분, 소금, 후추 등을 가리키는 특별한 신호들이
있습니다. 가령 물을 가리키는 신호는 세 손가락이고, 전

분이 필요하면 주먹을 쥡니다. 케첩을 가리키는 신호도 있습니다. 오른쪽 집게손가락으로 왼쪽 손목을 가로지르면서 그 신호를 만들지요. 기이하지만 효과가 있습니다. 이는 우리가 침묵이 소중하다고 말할 때 진심이라는 것을 보여 줍니다.

독서자는 식사하는 동안 주목의 대상이 되기 때문에 특별히 교만의 죄를 조심해야 합니다. 교만은 모든 직무자들에게 공통되는 유혹입니다. 어떤 일을 잘할 때는 자기 공적으로 여기기 쉬운 법이니까요. 더 나쁜 것은 직무의 중심에 자기 개성을 세우는 것으로 마무리할 수 있다는 점입니다. 마치 토크쇼 진행자처럼 말하는 설교가를 본 적이 있나요? "안녕하세요! 여러분! 주님께서 여러분과 함께 계십니다!" 모든 말이 감탄부호로 끝납니다.

직무자가 하느님과 우리 사이에 계속 자신을 끼워 넣으려고 하면 우리는 화가 납니다. 훌륭한 직무자는 직무가 중요하다는 것을 마음 깊이 새기며 자신의 개성은 아주 부차적인 것으로 여기지요. 훌륭한 음악가나 훌륭한 작가나 훌륭한 교사에게 음악과 스토리와 메시지가 중요한 것과 마찬가지입니다. 우리는 오직 우리 자신의 경

험으로부터만 말할 수 있기 때문에 이 일은 쉽지 않습니다. 그러나 겸손하게 기도한다면, 성령께서 우리의 연약함을 떠받쳐 주실 것입니다(로마 8,26 참조).

마더 데레사는 자신을 종종 "하느님의 몽당연필"이라고 표현하곤 했습니다. 데레사 수녀님은 자신이 위대한 과업을 성취하고 있다는 것을 부인하지 않았어요. 그러면서 연필을 쥐신 성령께 그 과업의 공을 돌렸지요. 이사야 예언자는 "도끼가 도끼질하는 사람에게 뽐낼 수 있느냐?"(이사 10,15) 하고 물었습니다. 우리는 일을 잘할 수 있지만, 마땅한 분에게 공을 돌려야 합니다. 우리의 창조물이 지속되기를 바란다면, 우리 자신이 아니라 그리스도를 중심으로 그것을 만들어야 합니다. "예수 그리스도 이외에 또 다른 기초를 놓을 수는 없기 때문입니다"(1코린 3,11).

과 제 누가 당신을 칭찬하거든 하느님께 공을 돌리세요.

웃음은 명약이 아니다

제10단계

~~~~~~~~~

품위

필요 이상으로 쉽게 웃지 말라. 성서에 "어리석은 자는
웃을 때 큰 소리를 내지만 영리한 사람은 조용히 웃음
을 짓는다"(집회 21,20)라고 쓰여 있기 때문이다.

웃음을 통제할 수 있을 때 인간의 참된 품위가 성장하기
시작합니다. 이는 자신을 억제하는 방법뿐만 아니라 언
제 어떻게 만족을 누려야 하는지도 알아야 한다는 것을
의미하기 때문에, 단순한 자기부정을 훨씬 넘어서는 일
입니다.

생각으로 품위

~

하느님께서는 어디에나 계시며, "주님의 눈은 모든 곳에서 선인들과 악인들을 살펴보고 계심"을 우리는 믿는다(잠언 15,3). 그렇지만 특히 하느님의 일에 참례할 때 우리는 아무런 의심 없이 이 사실을 믿을 것이다. 그러므로 우리는 예언자가 이르신 바를 항상 기억할 것이니, "두려움으로 주를 섬겨라"(시편 2,11) 하시며, 또다시 "지혜롭게 시편을 노래하라"(시편 47,8) 하시고, 또 "천사들 앞에서 당신께 시편을 노래하리이다"(시편 138,1) 하셨다. 그러므로 우리는 하느님과 그분의 천사들 앞에서 어떻게 해야 할 것인지를 생각하고, 시편을 외울 때는 우리 마음이 우리 목소리와 조화되도록 할 것이다.

『수도 규칙』 제19장_ 시편을 외우는 태도에 대하여

거울 나라의 하얀 여왕이 앨리스에게 자기가 백 살이라고 말하자 앨리스는 이렇게 대답합니다. "믿을 수 없어요.

… 불가능한 것을 믿을 수는 없다고요."

여왕은 "너는 연습을 많이 하지 않은 것 같구나" 하고 대답합니다. "네 나이 때 나는 하루에 30분씩 연습했다. 왜냐하면 때때로 나는 아침밥을 먹기 전에 불가능한 것을 여섯 번이나 믿어야 했거든."

그리스도 신앙의 가장 깊은 신비(육화, 삼위일체, 창조, 천사 등)는 이해할 수 없지만 비논리적이 아니고 명백히 불가능한 것도 아닙니다. 그럼에도 이러한 신비를 관상하면 뇌를 훈련시킬 수는 있겠지요. 많은 그리스도인이 노력하기를 멈추고 완전히 신앙을 잃고 있습니다.

대학원에 다닐 때 르네상스 문학에 대한 강의를 들었는데, 한 학생이 교수님께 『실락원』에 대해 질문했던 것을 기억합니다. "작가는 이 작품을 공상 소설로 여겼습니까?"라고 묻자 교수님은 "아니요" 하고 대답했지요. "당시 사람들에 대하여 우리가 기억해야 할 것은 그들이 지극히 미신적이었다는 사실입니다. 그들은 주변에 자신들의 영혼을 차지하려고 싸우는 천사와 악마가 정말로 있다고 믿었어요."

그 젊은이는 웃으며 말했습니다. "상상하기 어렵네요.

어떻게 그럴 수 있죠?" 그러자 내 뒤에 있던 여학생이 손을 들고 말했습니다. "나는 상상할 필요가 없습니다. 그 것을 믿거든요."

성 베네딕도도 분명히 이를 믿었습니다. 그러나 잊기 쉬운 믿음이죠. 흔히 말하듯 보는 것이 믿는 것입니다. 그리고 오늘날에는 만일 어떤 것을 측정하거나 만질 수 없다면 존재하지 않는다고 생각하는 경향이 있습니다.[1] 우리는 하느님을 보지 못하지만 그분은 분명히 우리를 보고 계시며, 우리가 하는 모든 일도 보고 계십니다. 심지어 우리가 부끄러워하는 일들도요. 우리의 모든 길에서 그분의 천사들은 우리의 영혼을 보호하고 있습니다(시편 91,11 참조). 그리고 이는 단순히 시대에 뒤떨어진 저의 의견이 아닙니다. 성서만큼이나 오래된 믿음이죠. 우리 주변에는 악마와 천사들이 존재하며 우리는 그것을 참으로 믿고 있습니다.

그런데 우리는 어떻게 행동하고 있나요? 분명히 해 두자면, 하느님께는 유머 감각이 있습니다. 그렇지 않다면 칠면조수리는 왜 있는 걸까요? 아르마딜로나 벌거숭이두더지쥐는 또 어떻고요? 하느님과 그분의 천사들이 지켜보고 있다는 것을 알았다면, 우리가 보고 웃지 않았을 어떤 것들도 있지 않을까요? 이를 염두에 두는 것이 하느님의 자녀로서 품위를 지키는 최선의 길입니다.

---

1   물론 양자물리학, 상대성이론, 암흑 에너지, 전자 등에 대해 이야기할 때에는 예외입니다. 이러한 경우에 사람들은 순식간에, 그리고 불가사의하게도 그것을 믿어 버립니다.

30분쯤 시간을 내어 천사에 관한 토마스 아퀴나스의 철학적 논문을 읽어 보세요. 기절초풍하게 될 겁니다.

말로 품위

나쁘고 추잡한 말을 입에 담지 말라. 많이 말하기를 좋
아하지 말라. 실없는 말이나 웃기는 말을 하지 말라. 많
은 웃음이나 지나친 웃음을 좋아하지 말라.

『수도 규칙』 제4장_ 착한 일의 도구들은 무엇인가

입을 닫아서 후회한 적은 거의 없지만 입을 열어서 후회
한 적은 많습니다. 그리고 사과할 때 종종 "아이고, 정말
농담이었어"라고 말하는 저 자신을 보는 게 슬펐습니다.
성 베네딕도는 수도승들이 아주 조심스럽게 유머 감각을
발휘하길 원했습니다. 웃음은 삶에 긍정적 영향을 줄 수
있지만, 사람들에게 저속하거나 잔인한 이미지를 떠올리
게 하면서 상처를 줄 수도 있습니다.

대학 시절 룸메이트들의 예를 들어 보겠습니다. 나는
2년 동안 일곱 명의 럭비 선수들과 한집에서 지냈습니
다. 우리는 끊임없이 서로 놀려 댔는데 그 나름대로 즐거

왔어요. 럭비 선수 여덟이 함께 살면서 누릴 수 있는 재미 중 하나였죠. 누군가 조금 별난 말이나 엉뚱한 짓을 하게 되면 모두의 웃음거리가 될 각오를 해야 했습니다. 이것은 규칙이었고 우리 모두 알고 있었어요. 사실상 입주 계약 조건이었던 셈이죠.

이들 중 애크라는 친구가 있었는데 그는 온갖 곳에 작은 메모지를 붙이는 습관이 있었습니다. 그 습관이 좀 우스웠던 게, 키가 2미터 가까이 되고 몸무게는 127킬로그램이나 나가는 녀석이 결벽증 환자처럼 보였기 때문이죠. 그가 붙인 메모지에는 "제발 커피잔 좀 씻어라" 또는 "건조기에서 보푸라기 제거하는 것을 잊지 마" 같은 글이 적혀 있었습니다. 짐작하시겠지만 누구도 메모지에 적힌 요구 사항을 따르지 않았어요. 사실 처음에는 그 메모지들이 있는지조차 몰랐죠. 그리고 얼마 안 가서 우리도 나름대로 메모지를 붙이기 시작했습니다. "너의 귀지를 재사용해라", "제발 양말을 먹지 마" 같은 메모들이었죠. 그런 다음에 우리는 서로를 위해 작은 메모를 남기기 시작했습니다. "루디, 네 고양이를 요리했어. 나머지는 냉장고에 …", "월, 여동생이 전화했었어. 바비인형 돌려

달래"… 등등.

어느 날 누군가 전화기 옆에 "애크"라고만 적힌 메모를 남기자 또 다른 사람이 그 아래에 "네 엄마"를 쓰고, 나중에 누군가 "돌아가셨음"이라고 덧붙인 일이 있었습니다. 애크의 어머니가 그 무렵 가슴 통증으로 응급실에 실려 갔었다는 사실은 아무도 몰랐었지요. 그 메시지를 본 애크는 제정신이 아니었고, 병원으로 가는 도중에야 그것이 장난이라는 것을 알게 되었습니다.

이 사건으로 장난 메모는 끝이 났습니다. 애크가 너그

러운 친구가 아니었다면 우리들의 관계는 끝장났을지도 모릅니다.

농담을 할 때는 넘지 말아야 할 선이 있게 마련이고 정확히 그 선이 어디에 있는지는 알기 어려운 경우가 많습니다. 결국 가장 재미있는 농담은 부적절한 선을 넘지 않으면서도 그 선 가까이 다가옵니다. 그러니 우리는 우리가 놀리는 사람이 누구인지 분명히 알아야 하고 그 사람이 우리의 농담을 어떻게 받아들일지 알아야 하는 것입니다. 우리는 다른 사람의 마음속에 무엇이 들어 있는지 확실히 알 수 없습니다. 우리의 친구가 그냥 함께 웃는다고 해서 그의 마음이 꼭 괜찮다는 뜻은 아닙니다. 더욱이 어떤 농담들은 우리의 품위를 떨어뜨립니다.[2]

 누군가를 웃기지 말고 미소 짓게 해 보세요.

---

2 분명히 말하지만, 인종이나 종교적 신념, 가족 등에 대한 농담은 절대 피해야 합니다.

행동으로 품위

~

우리는 약간 주저하면서 다른 사람의 음식의 분량을 정하는 바이다. 연약한 사람들의 약함을 고려하더라도, 각 사람에게 하루에 한 "헤미나"의 포도주가 충분하리라 믿는다. … 왜냐하면 "술이란 지혜로운 사람들까지도 탈선하게 만들기"(집회 19,2) 때문이다.

『수도 규칙』제40장_음료의 분량에 대하여

품위 없는 유머와 과도한 웃음이 영적 질병의 증상이듯 지나친 음주도 마찬가지입니다. 성 베네딕도는 수도승들이 완전히 금주하기를 바랐습니다. 음주를 완전히 포기하지 않는다면 적어도 책임 있게 음주할 것을 강조했어요. 하루에 한 헤미나를 넘게 마시지 말라는 것이지요.

짐작하시는 대로, 한 헤미나의 정확한 분량이 얼마나 되는지에 대해서 세계 곳곳의 수도승들이 뜨겁게 논쟁했습니다. 그 양은 한 컵에서 2.8리터 정도까지 다양했지요. 하지만 한 가지는 분명합니다. 중세의 수도승들에게 포도주는 오늘날 우리가 이해하는 포도주와 완전히 달랐다는 것입니다. 초심자들에게 음주는 결코 기분전환용이 아니었어요. 더러운 물을 마실 수 있게 만든 것이 바로 포도주였기에 깨끗한 우물이 없는 곳에서는 포도주에 생존이 달려 있었습니다. 심지어 어린아이들도 포도주를 마셨으니까요. 그럼에도 베네딕도가 수도승들에게 기분전환용 음주에 대해 이야기하려 했던 것은(결국 실패했지만) 재밌는 일입니다.

마찬가지로, 나는 청소년 음주에 대해 어떤 환상도 갖고 있지 않습니다. 청소년들의 음주는 분명히 문제입니다. 그러나 음주가 청소년들의 도를 넘는 유일한 욕구는 아닙니다. 비디오 게임이나 휴대전화로 주고받는 문자, 텔레비전 시청을 포함해 심지어 다이어트와 운동도 때로는 파괴적으로 이어질 수 있습니다.

서른여섯 시간 내내 월드 오브 워크래프트 게임을 했다고 주장하는 친구가 있습니다. 화장실 갈 때랑 피자 먹을 때 말고는 게임을 멈추지 않았다고 합니다. 사실 이런 놀이는 건강에 좋을 수가 없습니다. 우리가 동물보다 품위 있는 이유는 우리에게 욕구를 조절할 수 있는 능력이 있기 때문입니다. 우리는 스스로 한계를 설정하며 우리의 자기 조절 능력으로 한계를 극복하지 못할 때는 친구나 가족의 도움을 요청합니다. 내 학생 중 하나는 늦은 밤까지 게임을 하지 않도록 하기 위해 기발한 해결책을 생각해 냈는데, 매일 저녁 7시가 되면 컴퓨터 전원 코드를 아버지에게 넘기는 겁니다. 노트북 컴퓨터의 배터리가 방전되면 자기 한계에 도달했음을 알게 되는 거예요. 노트북 컴퓨터에게는 좋은 일이 아니지만 그의 영혼을 위해서는 좋은 일이었죠.

(과 제) 컴퓨터를 켜지 않고 하루를 지내 보세요.

조심스럽게 지내라

~~~~~~~~~~

분별

말을 해야 할 때는 부드럽고 겸손하며 진지하고 조용하
게 해야 한다. "지혜로운 사람은 적은 말로 드러난다"라
고 기록되어 있기 때문이다.

격언에도 있듯이, 입을 열어 모든 의심을 없애기보다는
침묵을 지키고 바보처럼 보이는 편이 낫습니다. 그러나
목소리를 높여야 할 때도 분명 있습니다. 이런 때일수록
꼭 알맞은 분별력이 필요합니다.

생각으로 분별

~

수도원 안에서 어떠한 경우라도, 어떤 이가 다른 이를 감히 변호하거나 옹호하는 일이 없도록 조심할 것이니, 비록 가까운 어떤 친척 관계에 있다 하더라도 그러하다. 또한 수도승들은 이런 일을 어떤 모양이든지 감히 하지 말아야 할 것이니, 다툼들이 (일어날) 크나큰 기회가 이렇게 해서 생겨날 수 있기 때문이다. 만일 누가 이 규칙을 어기거든 아주 엄하게 책벌할 것이다.

『수도 규칙』 제69장_수도원 안에서 감히 서로 변호하지 말 것이다

단지 동료를 변호한다는 이유로 엄한 책벌을 내린다니 놀랍지요. 여기에는 분명 눈에 보이는 것 이상의 것이 있습니다. 성 베네딕도는 불가피하게 따라오는 파벌과 불평에 대해 이야기하고 있습니다. 토론이 아닌 일상의 말다툼 같은 논쟁에서 한쪽의 편을 들면 개인적인 문제가 공적인 것으로 바뀌게 됩니다. 사적으로 해결될 수 있을

의견 충돌이 이제는 공적인 문제가 되어 버린 것이지요.

　이런 행동에서 더욱 개탄스러운 것은 편을 드는 사람이 개인적 차원에서 하느님의 역할을 하게 된다는 것입니다. 예수님께서도 "남을 심판하지 마시오. 그것은 여러분이 심판받지 않도록 하려는 것입니다"(마태 7,1)라고 말씀하셨습니다. 물론 이 말씀이 우리가 모든 사람의 행동을 무조건 수용해야 한다는 것을 의미하지는 않습니다. 우리는 특별한 행동에 대해서 판단하라는 요청을 받습니다. 특정한 윤리적 행위를 분석해야 하고 그 행위가 객관적 윤리 규범과 부합하는지 결정해야 합니다. 우리는 "이런 행위 또는 저런 행위는 죄가 된다"고 말해야 하며, 심지어 "이 사람 또는 저 사람은 죄가 되는 행위를 저질렀다"고도 말합니다. 우리에게 금지된 것은 "이 사람은 나쁜 사람이다"라거나 "이 사람은 지옥에 갈 것이다"라는 말입니다. 이런 구분은 미묘하지만 반드시 필요합니다. 우리는 행위를 판단하는 것이지 사람을 판단하는 것이 아닙니다. 싸움에서 편을 드는 것이 위험한 이유가 여기에 있습니다. 잠언에도 나오듯이 "지나가다가 자기와 상관없는 싸움에 흥분하는 자는 개의 귀를 잡아당기는

자와 같습니다"(잠언 26,17). 변호할 만한 가치가 있는 형제가 누구인지 어떻게 결정할까요? 나와 의견이 같은 사람인가요? 더 똑똑한 사람입니까? 내가 가장 좋아하는 사람입니까? 우리가 과연 세세한 사정을 전부 다 알 수 있나요? 친구들을 판단하기 시작하면 그 판단이 어디에서 끝날지 아무도 모릅니다.

여기에 어려움이 있습니다. 사람들이 잘못할 때 그들을 판단하지 말아야 하고 잘할 때도 판단하지 말아야 한다는 것입니다. 옛날에는 사람들이 자기 이웃이 지옥에 갈 것이라고 꽤 확신했던 것으로 보입니다. 요즘에는 천국에 갈 것이라고 확신하는 것처럼 보여요. 둘 다 우리의 길은 아닙니다. 무엇보다도 분별이라는 것은 자기 의견을 자기만 간직해야 하는 때를 안다는 뜻입니다.

(과제) 누가 당신을 성가시게 하더라도 다른 이에게 말하지 마세요.

말로 분별

～

(수도원의 당가는) 모든 일들을 돌본다. … 만일 어떤
형제가 무엇을 부당하게 청하더라도, 무시함으로써
그를 슬프게 하지 말고, 부당하게 청하는 사람에게 겸
손되이 이치에 맞게 거절할 것이다.

『수도 규칙』제31장_ 수도원의 당가는 어떤 사람이어야 하는가

내가 『수도 규칙』의 이 부분을 좋아하는 이유는 학생들
이 늘 어리석은 질문을 하기 때문입니다. 예컨대, 보고서
제출일 전날 밤 9시에 자료를 추천해 달라는 이메일을 받
습니다. 학부모로부터는 두 달 전에 매긴 성적의 근거를
요구하는 편지를 받습니다. 또 다른 학생은 숙제도 하지
않은 상태에서 오전 7시에 도움을 청합니다. 그러나 정말
화가 나는 경우는, 학생이 자기에게 필요하지도 않은 것
을 마치 당연히 받을 자격이 있는 듯 요구할 때입니다. 언
젠가 중학교 1학년 학생이 이런 말도 했습니다. "이러려

고 선생님한테 돈을 내는 게 아니거든요?"

물론 이런 일은 교사들에게만 있는 문제가 아닙니다. 경찰과 심판과 계산원과 비서들이 항상 이런 문제로 씨름합니다. 인명 구조원으로 일할 때 나는 해수욕장에 오는 보통 사람들의 어리석음에 혀를 내두르곤 했습니다. 물살이 센 곳에서 자녀들이 수영하는 동안 낮잠을 자는 부모들, 해변에서 발견한 죽은 물고기를 먹으려 드는 관광객들, 돌고래를 보고 비명을 지르며 달아나는 수영꾼들 …. 한번은 젊은 친구가 수평선을 가리키면서 저기가 멕시코냐고 내게 물은 적이 있습니다. 그는 바닷물이 왜 수평선에 '멈추어 있는지' 이해하지 못했던 것입니다.

누군가 부당한 요구를 할 때는 빈정대거나 화를 내며 응답하기가 쉽습니다. 하지만 그렇게 한다고 해서 좋은 게 무엇이고 누구에게 도움이 될까요? 더욱이 우리는 항상 하느님께 부당한 요구를 하지 않습니까? 수업 내내 자고 숙제를 빼먹고도 시험에서는 최고 성적을 받기를 기도하지요. 그리고 성적이 나쁘게 나오면 격분합니다. 때로는 기적을 요구하기도 하고 그 일이 이루어지면 우연이라고 여기지요.

우리의 어리석음에 대해 하느님께서는 친절하게 인내하며 애정을 가지고 관대하게 응답하십니다. 하느님께서 이렇게 응답하셨다고 상상해 보십시오. "방금 캄보디아 공장에서 불이 나서 300명이 넘게 죽었다. 네 역사 시험 점수에 내가 정말 신경이나 쓴다고 생각하는 것이냐? '진짜' 문제가 생겼을 때 다시 와라." 하지만 그분은 이렇게 응답하시는 대신에 "걱정하지 마라. 너의 머리카락까지도 다 세어 놓고 있다"(마태 10,31)라고 말씀하십니다. 하느님은 무한하신 분이기에, 하느님의 작은 부분은 우리의 역사 시험 통과 여부에 정말로 관심이 있다고 확신할 수 있습니다. 그 작은 부분 역시 무한하시니까요.

과제 다른 의견을 가진 누군가와 합의점을 찾아보세요.

행동으로 분별

~

잘못의 비중에 따라 파문이나 징계의 정도가 정해질
것이며, 이 잘못의 비중을 판단하는 것은 아빠스에게
달려 있다. … (잘못을 저지른 형제는) 합당한 보속으
로 용서를 받을 때까지 (징계를 받을 것이다).

『수도 규칙』 제24장_파문의 양식樣式은 어떠해야 하는가

분노는 유용할 때가 있지만, 분노하기에 앞서 왜 다른 사
람들이 그렇게 행동하는지 이해해야 합니다. 성 베네딕
도는 수도승에게 쉽게 웃지 말라고 합니다. 그런데 수도
승은 쉽게 비난하지도 말아야 합니다. 더욱 중요한 것은,
수도승은 자신의 동기를 이해해야 한다는 점입니다. 성
베네딕도는 공동체의 올바른 질서를 위해서는 공정과 균
형이 꼭 필요하다고 보았습니다. 나는 이 두 가지가 개인
의 올바른 질서를 위해서도 꼭 필요하다는 것을 덧붙이
고 싶습니다. 화가 나거나 우울할 때 우리는 뒤로 물러나

서 자신의 기분이 주변의 현실과 실제로 일치하는지 자문해 봐야 합니다. 심리학적 용어로 표현하자면, 우리가 자극에 어울리는 반응을 하는지 확인할 필요가 있다는 것입니다. 만일 고속도로에서 누군가 방해해서 하루 종일 화가 난 상태라면, 동생이 하키 스틱을 부러뜨린 것을 어떻게 갚아 줄 것인지를 계속 생각한다면, 친구가 파티에 나를 초대하지 않아서 일주일 내내 무엇 때문일까 하고 고민한다면, 단순히 "그놈은 머저리야"라는 말로 해명하며 끝내지 마십시오. 그러면 아무것도 배울 수 없을 것입니다. 나의 반응이 왜 그렇게 극단적이었는지를 자세히 살피는 게 좋습니다.

모든 사람은 부정적인 반응을 촉발시키는 어떤 것을 가지고 있기 마련입니다. 이런저런 행동이 왜 우리를 괴롭히는지를 이해한다면 우리 삶에서 평화와 균형을 회복할 수 있을 것입니다. 나와 내 기분 사이에서 일종의 심판처럼 활동할 수 있는 선생을 찾게 된다면, 우리가 왜 그렇게 느끼는지 그리고 그것을 어떻게 받아들이는지 이해하는 데 도움을 얻을 수 있습니다.

화가 일어날 때는 잠시 자기 자신을 불순명하는 수도

승처럼 '파문'할 필요가 있습니다. 자리를 피하고 진정하십시오. 그다음에는 우리가 끼쳤던 해악에 대하여 실제적 방식으로 보상해야 할지도 모릅니다. 어떤 경우든 목표는 조화를 회복하는 데 있다는 것을 기억하십시오. 과도한 속죄는, 스스로 부과한 것이라 할지라도 균형을 무너뜨릴 뿐입니다. 식별의 은사를 받을 수 있도록 기도하십시오.

대화에서 방해를 받도록 허락하고, 누군가 요구하기
전에는 말하려고 했던 것을 끝내지 마세요.

머리를 숙이라

제12단계

경건

어디를 가든지 세리의 말을 기억하며 머리 숙여 기도하라. "하느님, 이 죄인에게 자비를 베풀어 주십시오"(루카 18,13).

마지막 단계에 왔습니다. 성 베네딕도는 시선 통제(custo-dia oculorum)라고 알려진 고대 수도승의 수행에 대해 묘사합니다. 오늘날 '경건'이라고 부를 만한 이 덕을 마지막에 배치한 이유는 앞서 설명한 모든 단계의 덕을 요약해 주고 있기 때문입니다. 1단계에서 얻으려고 애쓰는 '하느님께 대한 두려움'은 '자기부정'과 '순명'에 감화를 줍니다. 이러한 덕을 실천하면서 '인내'는 우리의 실패에 대한 참된 '참회'로 단련되며, 우리를 튼튼하게 하여 원수의 면전에서 '평정'을 경험하도록 이끕니다. 이는 결국 '자기 겸허'와 '신중'과 '침묵' 안에 반영됩니다. '품위'와 '분별'이스며든 '침묵'은 창조물과 이웃과 우리 자신과 하느님에 대한 심오하고 환희에 찬 '경건'으로 절정에 이릅니다. 우리가 그리스도의 형제자매로서 온전한 존엄성을 발견하는 곳에서 우리의 삶은 끊임없는 기도가 됩니다.

생각으로 경건

~

형제들이 매우 먼 곳에서 일하게 되어 규정된 시간에
성당에 올 수 없다면, 일하는 그곳에서 하느님의 일을
바칠 것이며, 하느님께 대한 두려움에서 무릎을 꿇고
할 것이다.

『수도 규칙』 제50장_ 먼 곳에서 일하거나 여행 중인 형제들에 대하여

수도원에 입회하는 두 부류의 사람들이 있습니다. 『수도
규칙』이 성격에 잘 맞는 사람과 『수도 규칙』이 성격을 유
순하게 하는 사람입니다. 첫 번째 부류의 사람들에게는
기도하라는 명령을 내릴 필요가 없습니다. 이 사람들은
공동체에 있든 없든 기도 시간이 되면 자연스럽게 기도
를 드립니다. 그러나 나머지 사람들은 기도 시간을 놓치
지 않으려면 정말로 방심하지 말아야 합니다. 그리고 지
켜보는 사람이 아무도 없을 때는 계속해서 기도하는 일
이 특별히 어렵습니다. 때로 기도는 따분한 일처럼 여겨

지고 그래서 원래 하던 일로 돌아가려고 기도를 빨리 해치우려 합니다. 이런 이유로 우리는 수도원에 들어가고 특이해 보이는 옷을 입습니다. 규칙과 일깨워 주는 신호와 의례가 없으면 우리는 퇴보하기 쉽기 때문에 이것들은 꼭 필요합니다.

성 베네딕도는 두 번째 부류의 사람들을 잘 알고 있었

습니다. 그래서 그는 수도승들이 혼자 있을 때도 수도원에 있는 것처럼 헌신적으로 기도를 드려야 한다는 사실을 상기시켜 주었습니다. 다른 일을 하면서 그저 중얼거리는 기도를 드리는 것이 아니라, "거룩한 두려움 속에서 무릎을 꿇고" 의무를 다하라는 것입니다.

자녀들이 집에서 멀리 떨어져 있을 때 부모님은 자녀들의 근황이 궁금해서 전화를 기다립니다. 자녀와 통화가 되면 걱정을 많이 하지 않을 것이고 연락도 끊이지 않을 것입니다. 하늘 아버지와의 관계도 비슷합니다. 기도는 "집으로 전화하는" 한 가지 방법입니다. 기도는 아버지와 연락하며 지낼 수 있게 하고 영적 공동체와도 관계를 이어 가게 합니다. 성 야고보는 "하느님을 가까이하시오. 그러면 그분이 여러분을 가까이하실 것"(야고 4,8)이라고 하였습니다.

제가 청원자로 세인트루이스 수도원에 처음 도착했을 때 연세가 많으신 에드워드 수사님이 계셨습니다. 그분은 어디를 가든 은빛이 나는 작은 종을 지니고 다니셨는데, 나는 얼마 지나지 않아서 호기심을 참지 못하고 그 이유를 물어보았습니다.

수사님은 이렇게 대답하셨지요. "내 나이가 되면 자기 정신 상태를 점점 더 믿을 수 없게 됩니다. 그래서 나는 이 종을 들고 다니는 거예요. 언제든 길을 잃으면 나는 종을 울려요. 그러면 내가 정확히 어디에 있는지 알 수 있습니다."

예수님의 이름이 당신의 정체와 당신이 서 있는 곳과 당신의 의미를 상기시켜 주는 은빛 종이 되게 하십시오. 그리고 나서 삶의 모든 혼돈 속에서 길을 잃었을 때 그냥 그 이름을 속삭이십시오. 그러면 그 이름이 당신을 당신 자신으로 돌아오게 할 것입니다.

(과제) 예수님의 이름을 경건하게 스무 번 부르십시오.

말로 경건

~

주일에는 '야간기도'를 위하여 좀 더 일찍 일어날 것이다. … (일상적인 기도를 드린 후) 아빠스는 모든 이들이 존경심과 경외심을 가지고 서 있는 가운데 복음 성서에서 뽑은 독서를 읽는다. … 혹시라도 (형제들이) 늦게 일어나는 일이 있거든 독서들이나 응송들을 짧게 할 것이다. 이런 일이 일어나지 않도록 극히 조심해야 하겠지만, 만일 이런 일이 일어났다면 자기의 소홀함으로 이런 일을 저지른 사람이 성당에서 하느님께 합당한 보속을 해야 한다.

『수도 규칙』제11장_주일의 '야간기도'는 어떻게 할 것인가

성 베네딕도는 수도승들이 주일 기도를 짧게 해야 하는 단 한 가지 경우, 즉 어떤 사고로 그들이 제시간에 일어나지 못하는 때를 내다보았습니다. 자기 실수로 이런 일을 저지른 사람은 하느님과 모두에게 사과해야 합니다. 기

도는 근본적으로 의로운 행동입니다. 우리는 하느님께 기도를 빚지고 있습니다. 우리가 기도에서 많은 것을 얻긴 하지만, 기도는 우리가 자신을 위해 하는 일이 아닙니다. 기도는 하느님을 기쁘게 하지만 우리가 하느님께 베푸는 호의가 아닙니다. 기도를 소홀히 할 때 우리는 실제로 하느님께 가야 하는 어떤 것을 가로채서 하느님을 속이는 중입니다.

우리 각자는 예수님과 인격적으로 만날 수 있는 권리를 지니고 있지만, 예수님도 우리 각자와 인격적으로 만날 수 있는 권리가 있습니다. 그리고 그러한 만남을 위해 마련된 특권적인 장소와 시간이 바로 성당의 주일입니다. 우리가 그리스도 안에서 함께 기도할 때 우리는 더 이상 이방인이 아니라, "성도들과 같은 시민들이자 하느님의 가족들이며 사도들과 예언자들의 기초 위에 그리스도 예수 자신을 모퉁잇돌로 하여 세워진"(에페 2,19-20) 건물이 되기 때문입니다.

성 베네딕도는 수도승들의 주일 기도 방법을 성찰할 때 독특한 구절 "존경심과 경외심을 가지고"(cum honore et timore)를 사용합니다. 베네딕도는 수도승들이 안식일의 중요성을 깨닫기를 바랐습니다. 우리는 주일에 성당에 가야 합니다. 그러나 더 중요한 것은 우리가 그곳에 있을 특권을 받았다는 사실입니다. 우리는 그곳에 있을 수 있도록 존경받고 있으며 우리가 받는 특별한 존중에 경외심을 가집니다. 물론 졸음이 쏟아지거나 음악이 소음처럼 들리거나 회중이 탐탁지 않거나 열의가 없을 때는 그렇게 하기 어렵습니다. 이러한 순간에는 신앙의 눈으로 볼 수 있도록 노력해야 합니다. 결국 신앙의 눈으로 보려는 노력이야말로 "시선 통제"가 의미하는 것이라 하겠습니다.

과제) 돌아오는 주일에는 30분마다 알람이 울리도록 설정해 놓고, 알람이 울리면 하던 일을 멈추고 주님의 기도를 드리세요.

행동으로 경건

~

아무것도 하느님의 일보다 낮게 여기지 말아야 한다.
만일 누가 기도 시간에 늦게 도착하면 끝자리나 따로
정한 자리에 서 있어야 한다. 그 이유는 … 모든 이들
이 보게 하여 자기의 수치심 때문에 고치게 하기 위함
이다.

『수도 규칙』제43장_ 하느님의 일이나 식사에 늦게 오는 사람들에 대하여

위에서 인용한 규정은『수도 규칙』전체에서 내가 가장
불편하게 느끼는 구절입니다. 나는 모든 일에 거듭해서
늦었습니다. 그래서 수도원 형제들은 나를 "지각생 형제
어거스틴"이라 부르기 시작했습니다. 정말로 이 영역에
대해서는 내가 설교할 자격이 없다고 여깁니다. 하지만
양심상 건너뛸 수 없기 때문에 잠시 위선자가 되어 보겠
습니다.

수도승은 일과 중에 다른 할 일이 있을 수 있습니다.

그러나 기도는 바로 하느님의 일입니다. 정확히 말하면, 기도야말로 수도승의 과제이지요. 다른 선교회나 수도회에는 다른 과제들이 있습니다. 프란치스코 수도회는 가난한 사람들과 더불어 일하고, 도미니코 수도회는 설교하며, 예수회원들은 가르치고, 그리스도교 형제회는 학교를 운영합니다. 그러나 수도승의 일은 특별히 단순합니다. 수도승은 기도합니다. 그렇습니다. 수도승이 하는 다른 모든 일은 단지 기도를 지원하고 향상시키거나 기도를 할 수 있게 하기 위한 것입니다. 그리고 많은 점에서 이는 모든 사람을 위한 규칙이 되어야 합니다. 거룩함은 우리 삶에서 가장 우선적인 것이어야 합니다. 하루가 끝나도 그날이 시작되었을 때와 마찬가지로 여전히 형편없는 사람으로 머물러 있다면, 우리가 아무리 열심히 일했다 한들 누가 신경이나 쓰겠습니까?

다른 직업처럼 기도도 한결같이 지속적으로 해야 합니다. 일자리를 계속 유지하고 싶다면 업무에 성실하게 임한다는 것을 사장에게 보여 주어야 하고, 매일 나타나서 출근 도장을 찍어야 합니다. 성 베네딕도는, 우리가 제때에 제자리에 있음으로써 중요하게 여기는 것을 보여 주어야 한다고 덧붙일 것입니다(내가 이런 말을 하면서 상대방을 똑바로 보지 않고 묵주만 만지작거리는 모습을 상상해 보세요). 우리는 기도를 더 잘 준비하기 위해 일찍 나타납니다. 우리는 기도를 잘하기 위해 일찍 나타납니다. 그러나 무엇보다도, 일찍 나타남으로써 삶에서 예수님이 가장 중요하다는 것을 하느님과 모두에게 보여 줄 수 있기에 우리는 일찍 나타납니다. 기도 시간을 알리는 종이 울리면 수도승은 하던 일을 멈춥니다. 하느님의 일보다 더 중요한 일은 결코 없기 때문입니다.

(과제) 이번 주일에는 20분 일찍 성당에 도착하십시오.

결론

하늘의 고향을 향해 달려가려 하는 사람은 누구든지
초보자를 위해 쓴 이 최소한의 규칙을 그리스도의 도움
을 받아 완수하여라. 그리하면 마침내 하느님의 보호하
심으로 위에 언급한 교훈과 덕행의 더욱 높은 절정에 도
달하게 될 것이다.

『수도 규칙』제73장 규칙의 목적
(원제: 이 규칙서 안에는 모든 의덕義德을 준수할 규율이
다 규정되어 있지 않음에 대하여)

내가 수도원에 입회하려고 결정했을 때 대학 시절 룸메
이트는 영화배우가 되기 위해 로스앤젤레스에 가기로 결
정했습니다. 내 친구 랜달은 연속극「더 영 앤 더 레스트
리스」(The Young and the Restless)에 출연했으며 시트콤에도
게스트로 나왔습니다. 그는 영화에도 출연하고 모델이

나 록스타들과 어울렸습니다. 어느 날 밤 나는 수도원에서 그의 전화를 받았습니다. 그는 "10대들이 보는 잡지에 '이달의 섹시남'으로 누가 나왔게?"라고 물었습니다. "나야 수도원에 있으니 네가 나왔겠네"라고 저는 대답했습니다.

예상하셨겠지만, 랜달의 이야기는 나에게 진짜 유혹으로 다가오기 시작했습니다. 수도원 생활이 지루하거나 외롭게 느껴질 때면 나는 그 친구를 생각하곤 했습니다. 그렇게 몇 년이 흘러갔고 나는 종신서원을 한 다음에 랜달을 만나러 뉴욕으로 갔습니다. 그는 나를 위해 작은 파티를 열어 주었고, 멋진 그의 벗들이 모두 거기에 있었습니다. 모델과 프로듀서와 음악가들 전부 근사했습니다. 파티룸은 훌륭했고 랜달과 그의 부인도 물론 아름다웠지요. 애피타이저는 말할 것도 없고 심지어 이쑤시개까지 멋져 보였습니다. 나는 이 모든 아름다움에 흠뻑 매료되었습니다. 그리고 소호에서 온 세련된 보석 디자이너 클라우데트가 커피 탁자에서 내게 몸을 기울이며 질문했을 때, 혼자 심각한 성소 위기를 겪고 있었습니다. "왜 수도승이 되어야만 했지요? 좋은 사람이 되는 것만으로 충분하지 않나요?"

그 디자이너가 질문하기에 이보다 더 나쁜 시간을 고르지는 못했을 것입니다. 그러나 때때로 그렇듯이 성령께서 나를 대신해 개입하셨습니다. 먹음직스러운 애피타이저를 탁자에 내려놓으며 나는 대답했습니다. "아니에요. 좋은 사람이 되는 것만으로는 충분하지 않습니다. 좋은 사람이 되는 것은 우리가 할 수 있는 가장 작은 일이에요. 최소한의 몫입니다. 생각해 보세요. 어느 쪽을 선택하시겠습니까? 당신은 좋은 사람이 되고자 합니다. 그러나 하느님은 당신과 내가 성인이 되길 원하시죠. 영웅적인 덕을 기르며 살기를 원하십니다. 아프도록 베풀고 또 베풀기를 원하십니다."

내 요점은 겸손을 평범함과 혼동해서는 안된다는 것입니다. 온전히 거룩해지기 위해서 우리는 창조되었습니다. 그러므로 현재 상황에 익숙해지는 것에 만족하지 말아야 합니다. 최소한의 몫으로는 충분하지 않습니다.

이러한 견해가 두려운가요? 아마도 그럴 것입니다. "누구든 많이 주신 사람에게는 많이 요구하실 것이고 많이 맡기신 사람에게는 더욱더 청하실 것입니다"(루카

12,48). 그러나 또한 가슴이 설레기도 할 것입니다. 우리는 더없이 소중하고 언제나 사랑받고 있기 때문입니다. 더욱이 모든 성인들이 우리를 뒷받침해 주고 있습니다. 우리에게는 사용할 수 있는 엄청난 지침이 있습니다. 성사와 성서와 고대의 종교적 자료를 원하는 만큼 얻을 수 있습니다. 그러니 시작하십시오. 이제 그 단계들을 알고 있으니 사다리를 오르십시오.

 이 책을 거저 나누십시오.

감사의 글

세인트루이스 수도원의 형제들에게, 첫 편집자들에게, 세인트루이스 수도원 학교의 멋지고 겸손한 학생들에게, 헨리 완스브로 신부님께, 옥스퍼드 세인트베네트홀의 신사들에게, 꿈만 꾸고 있었을 때 실행하도록 용기를 준 조애너 위버에게, 계속 글쓰기를 독려해 준 존 이든에게, 나를 겸손하게 하려고 많은 시간과 노력을 기울여 준 레이첼과 메리와 조지아 데커에게, 허세 부릴 수 있는 방법을 가르쳐 준 진과 프랭크 웨타에게, 이 원고를 적당한 이들에게 보여 준 조 힐 신부님께, 인내를 보여 준 버니 킬컬른, 디애나 하르트넷, 재어드 래시포드, 마이클 니콜라이에게, 인내하며 현명한 조언을 해 준 니콜라스 프라피뉴크에게, 내가 처음 만난 수도승 프란치스코 슐터 신부님께, 관대하면서도 솔직한 크리스토퍼 제임슨 아빠스님께, 내가 생활하는 수도원을 설립하고 친절하게 이 원고를 읽어 준 티모시 호너 신부님께, 끈질긴 인내의 가치를 가르쳐 주신 폴 호바네츠 신부님께, 나의 옥스퍼드 할아버지 월터 후퍼에게, 관대한 롤라와 어거스트 브라운에게, 현명한 조언을 해 준 주디 메릴 라르센에게, 나를 위해 기도해 준 헨베리와 오언과 나사르의 가족들에게, 과감히 이끌어 준 버크 추기경님과 브랙스턴 주교님께, 이 책이 훨씬 늦게 나오는 데 기여한 콰이뉴 럭비클럽에게, 용감하면서도 세심한 탐정 베로니카 야드진스키에게, 성 시메온의 시를 번역하는 데 도움을 준 암브로스 베네트 신부님과 톰 캐롤에게, 앤티악 작가 워크숍의 호의적인 영혼들에게, 에릭 라센을 비롯해 '절망과의 전쟁'에서 수백 명의 동지들을 만날 수 있도록 샌프란시스코 작가 워크숍에 나를 데려다준 비키 허드슨에게, 마지막으로 현실을 적절히 일깨워 준 피타 수녀님께 진심으로 감사드립니다.

삽화 출처

이 책에 있는 모든 삽화는 인터넷에서 찾을 수 있는 작품을 토대로 저자가 새로 그렸다.

8쪽   Filippo Balbi. *Painted Door with* [*Carthusian*] *Monk and Cat* (*Fra Fercoldo nel chiostro della certosa di S. Maria degli Angeli*). Livioandronico2013. Wikimedia Commons. Wetta, Jean C. Polo.
(이 그림들은 26, 38, 52, 66, 78, 92, 104, 118, 132, 146, 160, 174, 188쪽에도 나온다.)

15쪽   *Cours de philosophie à Paris Grandes chroniques de France.* Bibliothèque Municipal, Castres, France. Vol de nuit. Wikimedia Commons.

18쪽   Piero della Francesca. *Madonna della Misericordia.* Mes images d'Italie. Dmitry Rozhkov. Wikimedia Commons.

25쪽 *Benedikt von Nursia.* Gerd A. T. Müller. Wikime-
dia Commons.

30쪽 Matthew Paris. *The Monk Matthew Paris on His
Deathbed.* British Library Catalogue of Illumi-
nated Manuscripts.

36쪽 Hildebert and Everwin. *Hildebert Cursing a Mouse.*
Moravia Magna. Wikipedia. Ofirka991. *Drums.*
Wikimedia Commons.

41쪽 Raymund of Peñafort. *Monk Driving Off a Devil.*
British Library Catalogue of Illuminated Manu-
scripts.

45쪽 Pittore Lombardo. *Ritratto di un frate francescano.*
Accademia Carrara, Bergamo, Italy. Used with per-
mission.
Tom Young and David Lewis, *Plan 9 from Outer
Space.* Internet Movie Poster Awards, Wikimedia
Commons.

50쪽 Eduard von Grützner. *In der Studierstube.* Dorotheum. Wikimedia Commons.

Eduard von Grützner. *In der Klosterküche.* Dorotheum. Wikimedia Commons.

56쪽 Bill Ebbesen. *Arctic Monkeys - Orange Stage - Roskilde Festival 2014.* Wikimedia Commons.

Francesco Guarino. *St Anthony Abbot and the Centaur.* Web Gallery of Art.

60쪽 Juan Rizi. *La cena de San Benito.* Museo del Prado, Madrid. Wikimedia Commons.

64쪽 *Benedictine Monks Chanting.* British Library Catalogue of Illuminated Manuscripts (39636, ff. 10, 13, 28, 29f. 10).

70쪽 Ludovico Mazzanti. *San Giuseppe da Copertino si eleva in volo alla vista della Basilica di Loreto.* Turismo Si. Wikimedia Commons.

Amila Tennakoon. *Surfing Sri Lanka.* Flickr.

81쪽 *Initial C: Monks Singing.* J. Paul Getty Museum, Los Angeles.

86쪽 Bartolomeo di Giovanni. *San Benedetto salva San*

Placido. Sailko. Wikimedia Commons.

89쪽 Jacopo de' Barbari. *Portrait of Fra Luca Pacioli and an Unknown Young Man.* Web Gallery of Art. Wikimedia Commons.

99쪽 Monaco, Lorenzo. *Benedikt Erweckt den Kleinen Klosterbruder zum Leben.* Yorck Project. Wikimedia Commons.

109쪽 Andrew Katsis. *A Climber Boulders a Cliff-face at Hanging Rock, Australia.* Wikimedia Commons.
Brother Rufillus, *Illuminating the Initial R.* Foundation Martin Bodmer, Cologny, Switzerland. E-Codices. Wikimedia Commons.

112쪽 Jörg Breu the Elder, *Cistercians at Work.* Yorck Project. Wikimedia Commons.
DualD FlipFlop. *Flying High.* Flickr.

121쪽 Signorelli Sodoma. *Come benedetto perdona al monaco che volendo fuggire del monastero trova uno serpente nella vía.* Vignaccia76. Wikimedia Commons.

125쪽 Fra Angelico. *Apparition of St. Francis at Arles.*
Web Gallery of Art. Wikimedia Commons.
Craig Howell. *Belly Flop Aftermath.* Flickr.

130쪽 Giovanni Bellini. *St. Francis in Ecstasy (St. Francis in the Desert).* Google Art Project. Wikipedia.
Ben Stanfield. *Hang On.* Flickr.

136쪽 Fra Angelico. *Saint Romuald.* Yorck Project. Wikimedia Commons.

139쪽 *Monk Drinking from Barrel.* British Library. Flickr.

144쪽 *Miniature of Monks Seated in a Choir.* British Library Medieval Manuscripts Blog.
Big Dipper. Pixabay.

150쪽 Hieronymus Bosch. *Anthony with Monsters.* Yorck Project. Wikimedia Commons.

155쪽 Details from *Gorleston Psalter.* British Library Digitized Manuscripts.

164쪽 *St. Benedict Delivering His Rule to the St. Maurus and Other Monks of His Order.* Monastery of St. Gilles, Nimes, France. Wikimedia Commons.

167쪽 *Marginal Painting of a Friar with a Musical Instrument and a Woman Dancing from the Maastricht Hours.* British Library.

172쪽 Alexander Minorita. *Cistercian Monks at Work.* Reproduced by kind permission of the Syndics of Cambridge University Library.

178쪽 Paul Mercuri. *Man in Renaissance Clothing.* Old Book Art. Wikimedia Commons.

182쪽 Giotto di Bondone. *Ecstasy of St. Francis.* Web Gallery of Art. Wikimedia Commons.